REVISE FOR
FRENCH GCSE

Listening
and
Speaking

Michael Buckby

Heinemann

Heinemann Educational Publishers,
Halley Court,
Jordan Hill,
Oxford OX2 8EJ

A division of Reed Educational & Professional Publishing Limited

OXFORD FLORENCE PRAGUE MADRID ATHENS MELBOURNE
AUCKLAND KUALA LUMPUR SINGAPORE TOKYO IBADAN NAIROBI
KAMPALA JOHANNESBURG GABORONE PORTSMOUTH NH (USA)
CHICAGO MEXICO CITY SAO PAOLO

© Michael Buckby 1997

First published 1997

00 99 98 97

10 9 8 7 6 5 4 3 2 1

A catalogue record is available for this book from the British Library on request.

ISBN 0 435 33273 2

Produced by Ken Vail Graphic Design, Cambridge

Illustrations by Julie Sailing-Free

Cover illustration by Vikki Liogier

Printed and bound in Edinburgh by Scotprint Ltd

Acknowledgements

The author would like to thank the editor Sue Chapple for her excellent work on
this book.

The author and publishers would like to thank the following for permission to
reproduce copyright material:

Language Teaching Centre at the University of York; **London Examinations, a
division of Edexcel Foundation; Midland Examining Group (MEG); Northern
Examinations and Assessment Board (NEAB); Southern Examinations Group
(SEG), Associated Examining Board; Welsh Joint Education Committee (WJEC).**

Please note:

Contents

Listening

Speaking

If you are entered for Foundation Tier (aiming at Grades C to G) you need to work only on Parts 1 and 2 of this book, for listening. If you are entered for Higher Tier (aiming at Grades A* to C) you need to work on Parts 2 and 3 only, for listening.

If you are entered for Foundation Tier (aiming at Grades C to G) you need to practise only the activities marked Foundation and Foundation/Higher of this book, for speaking. If you are entered for Higher Tier (aiming at Grades A* to C) you need to practise only the activities marked Foundation/Higher and Higher.

By working on the two appropriate sections you will cover each topic at least once.

Contents

Introduction

Revise for French Listening and Speaking will show you how to get the best possible marks in the listening and speaking papers of your exam. By working through this book you will encounter all the different question types used by the GCSE examination boards and you will work on questions from all the different Areas of Experience, so you will be fully prepared. Each question is accompanied by helpful advice on what examiners are looking for and useful tips on exam technique. For the speaking questions model answers are given.

There is an introduction for the listening section of this book (page 7) and for the speaking section (page 60). You should read the tips there before you start working on the questions.

Listening

The listening section is divided into three parts:

Part 1   Questions at Foundation level (Grades E, F and G)
Part 2   Questions at Foundation/Higher level (Grades C and D)
Part 3   Questions at Higher level (Grades A*, A and B)

If you are entered for Foundation Tier (aiming at Grades C to G) you need to work on Parts 1 and 2 only. If you are entered for Higher Tier (aiming at Grades A* to C) you need to work on Parts 2 and 3 only.

In each Part the questions are presented by Area of Experience. By working on the two appropriate sections you will cover each topic at least once.

Speaking

The speaking section is not divided into Parts. Simply work through the section and choose the questions at the appropriate level (either Foundation and Foundation/Higher or Foundation/Higher and Higher).

The section is organised by Area of Experience. For each topic there is either a rôle-play question or conversation questions, or both, depending on the type of questions which come up in the examination. At the end of the section there is advice on preparing for a presentation. Check with your teacher whether you will have to give a presentation in the speaking exam.

The ▣ symbol indicates that you can listen to the rôle-play or the conversation on tape.

Preparing for your GCSE

One very useful way to prepare for your GCSE exam is to find out exactly what you need to know, understand and do. To do this, get hold of a syllabus and sample exam papers from the Exam Board (see addresses below) whose exam you are taking.

Write a letter like this to the Secretary of your Board, saying the following.

```
Dear Madam/Sir,

Could you please send me a copy of your
French GCSE syllabus (Long/Short* course) and
a sample paper. Thank you in advance.

Yours faithfully,
```

* Ask for the Long or Short course, whichever you are entered for.

Below are the addresses of all the GCSE Boards. With their permission, this book shows how to answer typical questions set by the Boards in their listening and speaking tests.

London Examinations,
Edexcel Foundation,
Stewart House,
32 Russell Square,
London WC1B 5DN

Midland Examination Group
(MEG),
Syndicate Buildings,
1 Hills Road,
Cambridge CB1 2EU

Northern Examinations and
Assessment Board (NEAB),
31–33 Springfield Avenue,
Harrogate,
North Yorkshire HG1 2HW

Southern Examinations
Group (SEG),
Publications Dept.,
Stag Hill House,
Guildford,
Surrey GU2 5XJ

Welsh Joint Education
Committee (WJEC),
245 Western Avenue,
Cardiff CG5 2YX

Northern Ireland Schools
Examinations Council (NISEC),
29 Clarendon Road,
Belfast BT1 3BG

How to prepare for your listening exam

This book will show you how to get the best possible grade in your GCSE exam. As you work through it, you will learn how to answer the sorts of questions put by all the Exam Boards. You will also find out what the examiners are looking for and how to score top marks.

◘ The first thing to learn is exactly what you need to be able to do in your listening test to earn a Grade C. This is what you have to show the examiners you can do:

– **Identify and note main points, and extract details and points of view,** from French spoken at normal speed. The French you hear will include narratives and future events. What you hear will cover a variety of topics and include familiar language in unfamiliar contexts.

◘ This is what you have to do, in addition, to earn a Grade A* in listening:

– **Understand gist and identify main points and details** in a variety of types of authentic spoken French.

– **Recognise points of view, attitudes and emotions and draw conclusions** from what you hear.

Try to keep these points in mind as you work on this book and cassette, and as you listen to other things in French at school and at home. The best way to become really good at listening to French is to do a lot of it over several months – so practise listening as much as you can.

How to use the book and cassette

It is a fact that most people score less well at listening in GCSE than in any other skill! You don't need to be one of those people. You can learn from this book and the cassette how to convince the examiners who mark your exam that you can do what they want you to do.

1   It is a huge help if you have learnt the words you will hear, and you can easily learn most of them in advance of the exam. Before you work on a topic, work first on the vocabulary for that topic in *GCSE French Vocabulary* (Heinemann).

If, as you listen, you come across words you have not learnt, write them down and learn them. You will see that certain words come up time and again in listening tests. If you know these words you will score much higher marks. An example of this is numbers, so make sure that you really learn your French numbers: this alone could improve your result by a grade.

2 When you start on this book and cassette, you should not expect your listening skills to be as good as they will be by the time you have finished. So be patient with yourself and don't be discouraged! Here are some of the activities you can do to help you to improve. Do try them – they will really work:

◘ Stop the cassette as often as you need to. Play the French several times, as many times as you need to in order to feel really comfortable with it. Don't worry if you don't understand some French the first time you hear it.

◘ As your confidence builds up, you can sometimes let the cassette run on: you will often understand better when you listen to more of a recording.

◘ When you start on the book and cassette you will help yourself a lot if you also use the transcripts (see pages 112–126). Here are four steps for you. Start with **a** and then work up to **b**, **c** and **d** as you progress:

a The first time you listen to the recording, follow the transcript as you listen. This helps to build important links between how words look and how they sound. You can look up in a dictionary any words you can't understand. Then listen to the recording again, without looking at the transcript. It should help your confidence a lot to see how much you can now understand!

b When you feel ready, try listening to recordings without the transcript. Answer as many questions in the book as you can. Then read the transcript as you listen again and try again to answer the questions. Make a note of any important words or phrases which you didn't understand and then learn them. Then listen again, without the transcript, to be sure that you can now understand these words when you hear them.

c When you feel more confident, listen to the recordings without the transcript and answer all the questions. Listen to the recordings two or three times if it helps. Next, read the transcript without listening to the recording and see if that helps you with any of the questions. Then go back to the questions and listen to the recording again, trying to answer all of them, without looking back at the transcript.

d Finally, try working on questions as you will have to in your exam. Begin by reading the questions and using them to focus your mind on what you need to listen for. Play the recording once and then write, with a pencil, any answers you have found. Look again at the questions to focus your mind and then listen to the recording again. Write all your answers with a pen.

Now check your answers in the Solutions, at the back of the book. If you have any problems, look at the transcript and try to work out where you went wrong and how to get all the answers right. Then try again, looking at the questions and listening to the recording without the transcript. Keep on until you can answer all the questions easily. You will then be ready to score very high marks in your exam!

3 You can improve your learning by using a variety of exercises. Changing from one to another every now and then will help maintain your interest and develop different skills. Here are some ideas which work well:

◄► Photocopy a transcript which you have worked on and cover up, or blank out, some words. Don't have too many gaps – no more than one per line. Then listen again to the recording and try to write in the missing words.

◄► Study a short transcript (or a short extract from a longer transcript: don't try this with long texts!) and try to learn it. Then put the book away and listen to the recording. As you listen, write down the whole text, then compare what you have written with the transcript. Carry on until you can listen and write it perfectly. It will also help your learning if you leave a time gap between studying the transcript and trying to write it while you listen. Try increasing the gap, gradually, to a week or so.

◄► As you work with a recording and become familiar with it, pause it from time to time and try to say, or write, what comes next. Then play on and see how accurate you were.

◄► If you have had problems picking out, or understanding, some key words or phrases in a recording, write these down. Then listen to the recording again and tick them as soon as you hear them.

◄► Look at the English equivalents you have written for any French expressions you have heard in a recording and want to learn. Then listen, alone or with some friends, and try to spot the French equivalents as you hear them.

4 Start your preparations for the exam in good time, a year before if you can. Then do a little and often. Two sessions a week of half an hour each would be an excellent way to prepare for success. You can work your way through the three books in this series (Revise for French GCSE Reading and Writing, Revise for French GCSE Listening and Speaking, GCSE French Vocabulary) in that time. This will teach you the language, the skills and the exam techniques you need to achieve the best possible grade.

Good luck with your preparation and your exams!

Listening: Part 1

In Part 1, you can learn how to do most of what you need to earn a Grade C:

– **Identify and note main points** from French spoken at normal speed.

A Everyday activities

1 School

◆ Follow these steps:

1 Give yourself one minute to read the questions. Make sure you understand them. The questions tell you what to listen for: in Number 1 the **two** school subjects that Dominique has on *mardi matin* before and after geography, and in Number 2 the speaker's *matière préférée*.

2 Listen to the recordings and try to find the answers. Note them in pencil.

3 Listen to the recording again, as many times as you need to. Use this to check your answers or to find them if you missed them the first time.

4 Write your answers with a pen. You must write two subjects for Number 1 and one subject for Number 2. If you aren't sure, guess: a blank will never score a mark, but a guess might!

LUNDI
9h Maths
10h Sciences
11h Anglais

MARDI
9h
10h Géographie
11h

1 Vous parlez du collège.
Dominique, qu'est-ce qu'elle a mardi matin?
Écrivez les deux matières.

[2 marks]

© Northern Examinations & Assessment Board 1996

2 Matière préférée: (écrivez UNE lettre)　　　　　　　　[1 mark]

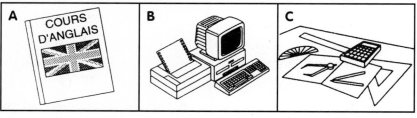

© MEG Specimen Papers 1997/8

(Solutions: page 107)

2 Home life

◄► As always, begin by reading the questions very carefully. Make sure you understand them and use the information in them to help you to know what to listen for.

◄► For Number 1, you need to say which of the three rooms is yours. You must choose only **one** room: if you choose more, you will score nothing.

◄► For Number 2, there are three questions to answer. Be sure to write an answer for all three.

1 Vous allez en vacances chez votre correspondante Dominique.
Dominique vous montre votre chambre.
Où se trouve votre chambre?

Écrivez la bonne lettre: A, B ou C. [1 mark]

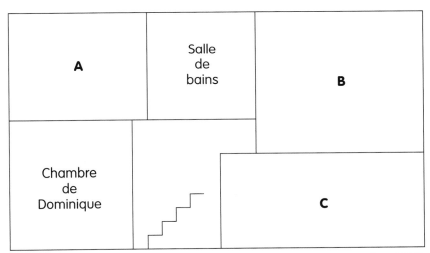

© Northern Examinations & Assessment Board 1996

2 **a** Qu'est-ce que la fille fait pour aider ses parents?
Écris la bonne lettre. [1 mark]

A le repassage   **B** les courses   **C** la lessive

D la vaisselle   **E** le ménage

b Pourquoi est-ce qu'elle aime faire cela?
Complète la phrase. [1 mark]

Parce qu'elle peut ....

c Quel travail fait le garçon?
Complète la phrase. [1 mark]

Il est obligé de ....

© Welsh Joint Education Committee 1995

(Solutions: page 107)

3 Health and fitness

�‍◇ Read the question and use it to help you to know what to listen for. The pictures help by showing you that it is one of head, body, hand or leg. Think of the French words for these and then listen to find which one it is. Then listen again to check, as many times as you need to.

Un jour, le frère de Dominique est malade.
Où est-ce qu'il a mal?
Écrivez la bonne lettre. [1 mark]

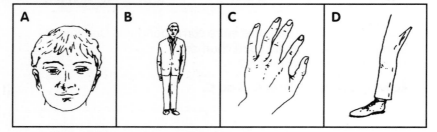

(Solution: page 107) © Northern Examinations & Assessment Board 1996

4 Food

◇ You are now ready to work on several questions together. This is good practice for your exam. Remember what you have learnt about how to tackle each question:

1 Read the question and use it to help you to know what to listen for.

2 Listen once and note the answers in pencil.

3 Listen again to check your answers or to fill in any gaps. Then write your answers with a pen.

◇ Note that there are four marks for Numbers 3 and 5a, three marks for Number 5b and one mark each for the others. This tells you how much information you need to give in each answer.

1 Votre correspondante Dominique vous parle de ce que vous allez manger. Qu'est-ce que c'est?
Écrivez la bonne lettre. [1 mark]

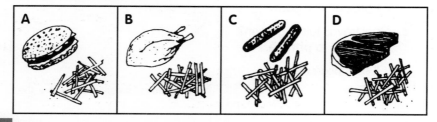

2 À quelle heure est-ce que vous allez manger?
Écrivez l'heure (en chiffres). [1 mark]

3 Vous allez au café avec des amis.
Pierre note les commandes de ses amies, mais il fait des erreurs.
Corrigez en français **ses erreurs**. [4 marks]

Exemple: *Louise: coca, pizza*

Jean	chocolat	sandwich au fromage
Marie-Laure	bière	glace à la vanille

4 Le garçon vous donne l'addition. Vous payez combien?
Notez en chiffres. [1 mark]

Total	F

© Northern Examinations & Assessment Board 1996

5 AU CAFÉ
Qu'est-ce qu'ils prennent?
Choisis la bonne image. **Écris la bonne lettre**.

Exemple: E

a Les boissons [4 marks]

b Les snacks [3 marks]

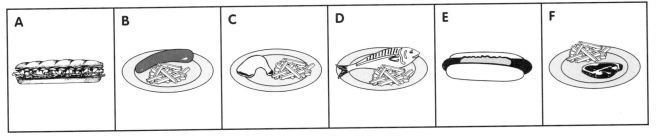

© London Examinations, a division of Edexcel Foundation 1996

(Solutions: page 107)

B Personal and social life

5 Self, family and friends

◖◗ There is only one mark for each question here, so you must choose only one letter for each answer.

◖◗ Remember to use the pictures to help you to spot the answers in what you hear. You can work out **before you listen** that answers 1a and 1b will depend on hearing and understanding a number from 1 to 5. Practise these numbers in your head before you listen and you should get the answers easily. Think what to expect for the other questions, using the questions and visuals before you listen.

◖◗ In Number 1, you will hear the word *personnes*. When you see that word written down, it obviously means 'persons'. There are hundreds of words like this in French, which look very similar to their English equivalents. Unfortunately, they often sound very different from their English equivalents. One good technique to help you to understand words like these is to practise writing them down when you hear them. Then, when you see them, you can recognise them at once.

◖◗ Before you try these two exam questions, practise this technique. Listen to the recording and match the words you hear with the words listed below.

A: *station*

B: *télévision*

C: *un accent*

D: *une brochure*

E: *la radio*

F: *novembre*

G: *un sandwich*

H: *le Portugal*

I: *l'Italie*

J: *la France*

1 a David, un ami de votre correspondante Dominique, vient
à la maison. Il parle de sa famille. Quelle image correspond
à la description?
Écrivez la bonne lettre.   [1 mark]

b Où habite David?
Écrivez la bonne lettre   [1 mark]

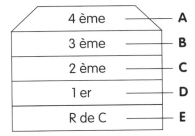

2 a Quelle est la nationalité de Matthieu?
Écrivez la bonne lettre.   [1 mark]

b Quelle est la date de son anniversaire?
Écrivez la bonne lettre.   [1 mark]

(Solutions: page 107)

6 Free time, holidays and special occasions

◆ In your exam, you will have to answer several questions. Practise again building up to that. Give yourself three minutes to look at these six questions and the pictures.

◆ Make absolutely sure that you understand all the questions. If you need to, look up any words you can't understand in a dictionary – but don't go over three minutes.

◆ Use the questions and pictures to work out what the answer will probably sound like: this will help you to hear it on the recording. For example, for Number 1 you can work out that the key word for your answer will probably be one of:

A: *café*   C: *plage*

B: *piscine*   D: *discothèque*

◆ Before you listen to the questions and answer them, listen to match the words you hear with the words you see below:

A: *préférer*   E: *au restaurant*   H: *sportive*

B: *la discothèque*   F: *danser*   I: *timide*

C: *un barbecue*   G: *le cyclisme*   J: *difficile*

D: *les parents*

1 a Anne, qu'est-ce qu'elle a préféré faire pendant la journée?
Écrivez la bonne lettre.   [1 mark]

b Marc, qu'est-ce qu'il a préféré faire?
Écrivez la bonne lettre.   [1 mark]

2 **Complétez** les phrases **en français**.   [2 marks]

    a Les jeunes, qu'est-ce qu'ils ont fait un soir?

        Ils ont fait un … sur la plage.

    b Et les parents, où étaient-ils?

        Ils sont allés au … .

3 Écoutez ces jeunes Français, et écrivez les détails **en français**.   [6 marks]

	Nom	Age	Autres détails
Exemple: **Nathalie**	**Martin**	**15**	**adore la natation**
a Luc	A	B	C
b Hélène	D	E	F

© Northern Examinations & Assessment Board 1996

4 Sport favori: (écrivez UNE lettre).   [1 mark]

© MEG Specimen Papers 1997/8

5 JEUNES FRANÇAIS

Answer this question **in English**.

Your teacher has received a tape from a French school. Some French students want to find English penfriends. On the tape they give some information about themselves. Listen to the tape and then write your answers in English.   [8 marks]

NAME	HOBBIES	FAVOURITE SUBJECT
GÉRALDINE	**A** ....[1] watching television	**B** ....[1]
HERVÉ	**C** ....[1] listening to pop music	**D** ....[1]
ANNE-MARIE	**E** ....[1] doing sport	**F** ....[1]
PAUL	playing the guitar **G** ....[1]	**H** ....[1]

© London Examinations, a division of Edexcel Foundation 1996

(Solutions: page 107)

7 Arranging a meeting or activity

◖◗ Use what you have learnt earlier to prepare for these questions before you listen. The secret to success in your listening exam is this preparation before you listen. If you need a reminder of what to do, look back at page 10.

◖◗ Getting the right answer often depends on hearing and understanding one or two key words for each question. Before you try answering these two questions, listen and match the words on the recording with the key words below:

A: *au tennis de table*   E: *la sortie*

B: *au tennis*   F: *le buffet*

C: *au football*   G: *devant*

D: *au cricket*   H: *à droite*

◖◗ A big advantage of learning to write down the key words you hear is that you may be able to look up in a dictionary any you can't understand. You may be able to write the words next to the question on the exam paper. Then, at the end of the exam, you may be able to look these up in a dictionary and then write your answers. Practise doing this: it could earn you several extra marks in your exam – marks which could take you a grade higher.

1 Qu'est-ce que vous allez faire cet après-midi?
Écrivez la bonne lettre.   [1 mark]

2 Une de vos amies, Anne, vous apporte une cassette de sa correspondante, Marie. Marie parle de la future visite d'Anne chez elle.

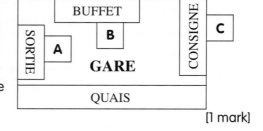

a La mère de Marie, où va-t-elle vous rencontrer?
Écrivez la bonne lettre.   [1 mark]

b À quelle heure y sera-t-elle?
Indiquez en chiffres.   [1 mark]

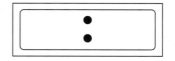

(Solutions: page 107)   © Northern Examinations & Assessment Board 1996

8 Leisure and entertainment

◖◗ The [4 marks] by the question tells you that there are four marks available.

◖◗ You can, again, use the question to work out what you need to listen for. The example for the film *Le volcan* makes this very clear: you need to hear and write down the types of film and how to express time in French.

◖◗ One trick to earn some extra marks is to look at the questions at the beginning of the exam. If you find any where you don't remember the key words you expect to hear, you may be able to look some up in a dictionary before the exam starts. For example, if you look up *film* in the French part of your dictionary, you could find:

> **film**
>
> *un film policier*   a thriller
>
> *un film d'aventures*   an adventure film
>
> *un film d'épouvante*   a horror film

Knowing these could be a big help.

Vous téléphonez au cinéma pour savoir le programme.
Complétez cette note **en français**.   [4 marks]

Film	Type de film	Commence à
Le Volcan	Aventures	19 h 15
Mon père ce héros	A	B ....h.............
Nestor Burma	C	D ....h.............

© Northern Examinations & Assessment Board 1996

(Solution: page 107)

C The world around us

9 Home town, local environment and customs

◻ Use the techniques you have learnt to prepare for this question.

◻ Remember that you may need to listen to quite a lot of French before you hear the information you need to answer a question. You are more likely to be able to pick out what you need if you have first used the question to work out what the answer is likely to be.

◻ You will easily understand the words below when you see them. Before you tackle the question, learn the words and practise linking them with the words on the recording:

A: *son sauna*   F: *à l'extérieur*

B: *son gymnase*   G: *les plantes*

C: *fermé*   H: *le soleil*

D: *la peinture*   I: *températures*

E: *vingtième*   J: *les skieurs*

You are working in the Tourist Information Office of your home town.
Where would you would send each of three French tourists?
Write the letter of the correct box for each one.   [3 marks]

GALLERY OF MODERN ART	THEATRE	LIBRARY
A	B	C

MUSEUM OF THE 19TH CENTURY	CINEMA	TRANSPORT MUSEUM
D	E	F

BOTANICAL GARDENS	ZOO	SPORTS CENTRE
G	H	I

(Solution: page 107)   © Northern Examinations & Assessment Board 1996

10 Finding the way

◨ Use what you have learnt earlier to prepare for these
questions and to answer them. Before you listen to the
questions, practise linking the written form of these words
with their spoken form:

A: *tout droit*   F: *en face du château*

B: *à droite*   G: *à quinze kilomètres*

C: *à gauche*   H: *à vingt kilomètres*

D: *en face du musée*   I: *en train*

E: *en face du jardin public*   J: *en autobus*

1 You ask for directions. Listen to the answers and write the correct
letter for each one.

  a Pour aller au musée …   [1 mark]

  b C'est en face du …   [1 mark]

2 a Il y a un camping à … kilomètres.   [1 mark]

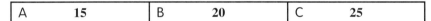

A 15	B 20	C 25

  b Pour aller au camping, prenez …   [1 mark]

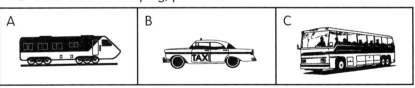

© London Examinations, a division of Edexcel Foundation 1996

3 Later on, in town, you ask a
couple how to get to the
cinema. They tell you the
way. Where is the cinema?

[1 mark]

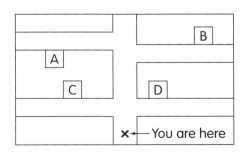

(Solutions: page 107)

11 Shopping

◘ Begin, as usual, by understanding the questions and using them to help you to prepare to listen and answer.

◘ With Number 4, note that there are eight pictures but only five marks. This tells you that some of the presents will not be mentioned. You will need to spot which five are mentioned and who they are for. Write your answers in French: one word will be enough for each one.

1 AU SYNDICAT D'INITIATIVE
Écris la bonne lettre. [1 mark]

Exemple: le samedi matin la piscine ouvre à … = A

A	9h	B	10h	C	11h

Le château est ouvert de …

A	10h à 12h	B	14h à 16h	C	10h à 16h

2 Vous êtes dans un supermarché. Écoutez ces publicités.

a **Écrivez le prix**, en chiffres. [1 mark]

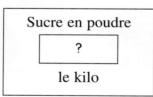

Sucre en poudre

?

le kilo

b **Écrivez la lettre** qui correspond au rayon où il y a une promotion. [1 mark]

A	Boulangerie	C	Fruits et légumes
B	Charcuterie	D	Crémerie

c **Écrivez la lettre** qui correspond à la promotion. [1 mark]

A	Vêtements hommes	C	Articles de plage
B	Vêtements femmes	D	Pharmacie

3 Qu'est-ce que le client achète au magasin? **Écris deux lettres.** [2 marks]

4 Pour qui sont les cadeaux? **Écrivez le nom** de la personne.　　　　[5 marks]

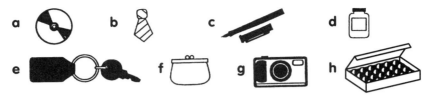

© SEG Specimen Papers 1997/8

(Solutions: page 107)

12 Public services

◖◗ The wording of this question doesn't give you a lot of help in preparing to listen. However, you can use the pictures to help by thinking of the French word which each one suggests.

◖◗ This activity will also help you to prepare. Link the written words below with those on the recording:

A: *une carte postale*　　　　F: *en taxi*

B: *le train*　　　　　　　　G: *en voiture*

C: *mal à la tête*　　　　　　H: *le métro*

D: *de l'argent*　　　　　　I: *en autobus*

E: *changer*　　　　　　　　J: *à vélo*

EN VILLE

Choisis la bonne image. **Écris la bonne lettre.**　　　　[4 marks]
Exemple: B

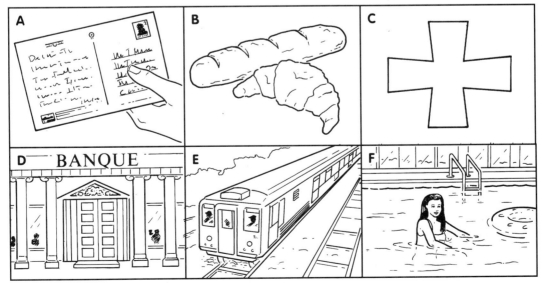

© London Examinations, a division of Edexcel Foundation 1996

(Solution: page 108)

13 Getting around

◖◗ It would be a good idea now to look back over the advice
you have learnt in Sections A, B and C. Read it again and
make sure that you know all there is to know about:

1 using the questions and pictures to prepare before
you listen;
2 picking out and understanding the key words in the
recordings which you need for your answers;
3 checking that you have listened accurately and written
your answers accurately.

◖◗ Practise using all these techniques as you prepare to answer
these four questions. Listen to the recordings as many times
as you need to.

1 Comment allez-vous rentrer à la maison?
Écrivez la bonne lettre. [1 mark]

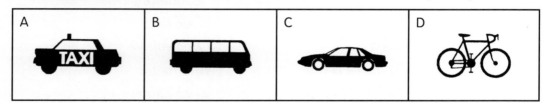

© Northern Examinations & Assessment Board 1996

2 À Paris, quel moyen de transport est-ce que le monsieur recommande?
Écris la bonne lettre. [1 mark]

© Welsh Joint Education Committee 1995

3 Quelles sont les instructions pour votre voyage Lyon – Nice? Votre
train part de Lyon à 10h 10. [5 marks]

Exemple:	Départ LYON	10h 10
A	Arrivée MARSEILLE	
B	Départ MARSEILLE	
C	Arrivée NICE	
D	Prix 2ème classe	_____ F
E	Supplément 1ère classe	_____ F

© SEG Specimen Papers 1997/8

4 You are on holiday in France with a friend who does not speak French.
You are at a station and you ask an employee when the next train leaves for Lannion.
At what time does she say it leaves? Write the correct letter.

[1 mark]

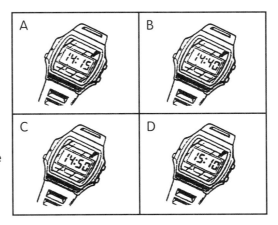

(Solutions: page 108)

© MEG Specimen Papers 1997/8

D The **world** of **work**

14 Education and training

◆ There are six marks available for this question, so you know that you will have to listen to quite a long recording and pick out six pieces of information. If you read the question carefully, you'll see that you need to find three sorts of information about two people. Knowing this will help to focus your attention and will help you to find, for each person:

– *le métier choisi;*

– *la raison du choix;*

– *l'inconvénient.*

◆ Write your answers in French and keep your answers short and simple: one piece of information will be enough for each answer.

Marc, Paul et Amélie parlent des emplois. Écoutez la conversation.
Écrivez ce qu'il faut mettre dans la grille, d'après l'exemple.   [6 marks]

	Métier choisi	Raison du choix	Inconvénient
Paul (exemple)	A	B	C
Amélie	D	E	F
Marc	G	H	I

Exemple: Paul –

A professeur;   B aime les enfants;   C longues études, université

15 Careers and employment

> ◐ Use the questions, and especially the pictures, to prepare for this before you listen. You need to pick out from what you hear just two key words – the two jobs you have to find. Keep listening until you find them. Look at the script if it helps.

Votre correspondante française vous parle de sa famille.

a Profession du père: **écrivez la bonne lettre**.

[1 mark]

b Profession de la mère: **écrivez la bonne lettre**.

[1 mark]

© MEG Specimen Papers 1997/8

(Solution: page 108)

16 Communication

> ◐ Notice that numbers will be tested again in this question. You really must learn French numbers to do well in your listening exam!

Écrivez ce qu'il faut pour remplir le bon de commande pour cette cliente, qui téléphone à un magasin.
Répondez en français.

[4 marks]

Nom:	A	
Prénom:	B	
Adresse:	C	(à Thuir)
Téléphone:	D	

© Northern Examinations & Assessment Board 1996

(Solution: page 108)

E The **international world**

17 Life in other countries and communities

◖◗ Once again, numbers are being tested. If you haven't learnt your French numbers yet, this may be your last chance! Just for knowing the numbers 1 – 50, you can score six points from this question alone.

Loto. Écrivez les numéros gagnants.   [6 marks]

(Solution: page 108)

18 Tourism

◖◗ The words of the question and the visuals are a good help for preparing to answer this question. Use the techniques you have learnt.

Un groupe d'amis parlent de leurs vacances.
Choisissez les cartes qui correspondent à leurs vacances.   [2 marks]

a Pour Luc, c'est la carte …

b Pour Jeanne, c'est la carte …

(Solution: page 108)

19 Accommodation

Remember everything you have learnt so far as you:

1 Read the questions and look at the visuals before you listen.
2 Listen to pick out the key words and key information.
3 Write your answers.
4 Check that you have listened and written accurately.

1 Answer these two questions by writing one letter for each.

a You are on holiday and you arrive in Lannion. You go to a hotel and ask if they have any rooms. The manager tells you how much the rooms cost per night.
How much is each room? [1 mark]

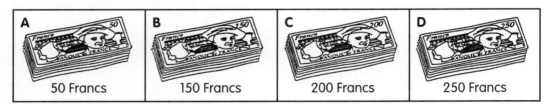

A	B	C	D
50 Francs	150 Francs	200 Francs	250 Francs

b You ask for some details about the rooms offered.
What type of rooms are you offered? [1 mark]

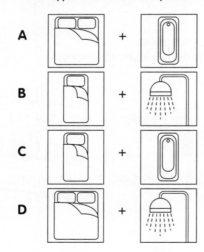

© MEG Specimen Papers 1997/8

2 a À quelle heure est-ce que la personne va arriver à l'hôtel?
Complète la phrase.
   Nous allons arriver à l'hôtel à … heures … . [1 mark]

b C'est à quelle distance, l'hôtel?
Complète la phrase.
   L'hôtel se trouve à … mètres. [1 mark]

(Solutions: page 108)   © Welsh Joint Education Committee 1995

Listening: Part 2

In Part 2, you can learn how to do what you need to earn a Grade C:

− **Identify and note main points** from French spoken at normal speed.

− **Extract details and points of view** from French spoken at normal speed.

− The spoken texts include **narratives and future events**.

− The texts include **familiar language in unfamiliar contexts**.

A Everyday activities

1 Home life

> ◆ Follow the following steps with this item:
>
> 1 Give yourself two minutes to read the questions. Look up in a dictionary any words you don't understand – but don't exceed the two minutes. That's all you would have in the exam.
>
> 2 Listen to the recording for Part 1 and try to find the information you need. Note in pencil any answers you find.
>
> 3 Listen to the recording again. Use this second listening to find any answers you missed the first time and to check the answers you already have.
>
> 4 Follow steps 2 and 3 above with Part 2.
>
> 5 Check your answers and write them with a pen. Try to answer every question. If you aren't sure, guess: a blank will never score a mark, but a guess might!

Ce passage est en deux sections.

Première Partie

a Qu'est-ce que la fille fait pour aider ses parents?
Choisis et **écris une lettre**.   [1 mark]

    A le repassage   D la vaisselle

    B les courses   E le ménage

    C la lessive

b Pourquoi est-ce qu'elle aime faire cela?
Complète la phrase. [1 mark]
Parce qu'elle peut …

c Quel travail fait le garçon?
Complète la phrase. [1 mark]
Il est obligé de …

d Pourquoi est-ce qu'il n'aime pas faire cela en hiver?
Complète la phrase. [1 mark]
Parce qu'il …

e Pourquoi est-ce qu'il fait ce travail?
Complète la phrase. [1 mark]
Parce que …

Deuxième Partie

f Ton correspondant et son amie, quel travail est-ce qu'ils n'aiment pas faire?
Complète la phrase. [1 mark]
Ils n'aiment pas …

© Welsh Joint Education Committee 1995

(Solution: page 108)

2 Food

◖ Give yourself 30 seconds to read the question and to check that you understand everything. Use the words in the question to help you to know what to listen for to find the answers. For example:

Number 1: You are listening for the name of a place.

Number 2: You are listening for a number, followed by the word *francs*.

Number 3: You are listening for the words in the question, *service compris*.

Number 4: You are listening for the name of a food or dish.

◖ Note that there are eight marks and only five questions. This means that you will need to give more than one piece of information in some of your answers.

Votre ami vous téléphone pour recommander un restaurant.
Notez les détails, **en français**. [8 marks]

La Lanterne

Pres de la gare SNCF   1   situation du restaurant   4   plat du jour   *poulet rôti*

60 francs   2   prix moyen   5   jours d'ouverture *tous le Jours*

oui   3   service compris?

(Solution: page 108)   © SEG Specimen Papers 1997/8

B Personal and social life

3 Self, family and friends

◖◗ Give yourself one minute to study the question and to look up any words you need to. Don't waste time looking up words which are obvious, like *généreux* and *impatient*.

◖◗ As you prepare for your listening exam, practise a technique which can earn you several marks in most exams – often enough to take you a grade higher. If you hear a key word which you don't understand, try to write it down. When you see it, you can often understand a word better than when you hear it. To practise this, before you answer the question, link up the words below with the words on the recording.

A: *il me passe*

B: *ses compacts disques*

C: *il me fait*

D: *des cadeaux*

E: *un peu difficile*

F: *mon meilleur ami*

LES AMIS

Robert parle de ses amis.

Choisis un mot pour décrire chaque ami.
Écris les bonnes lettres.

[3 marks]

Exemple: Sandrine   F

A généreux	E impatient
B amusant	F timide
C égoïste	G stupide
D patient	H bavard

Les amis

Roger   A

Jacques   E

Didier   B

(Solution: page 108)

4 Arranging a meeting or activity

- Begin, as always, by reading the question very carefully. Use the question to work out as much as you can about the likely answers. For example:

  A will be a place; Café

  B will be a person; philippe

  C will be another person; sylvie

  D will be a means of transport. Taxi

  Knowing this will help you to find the correct answers.

- When you write your answers, don't worry too much about spelling. Provided that it is clear what you mean, you won't lose marks for mis-spellings.

- Notice that numbers are important again, and how necessary it is for you to know them really well.

- Before you try to answer the question, practise again linking the way words sound with the way they look:

  3 A: *un message*

  5 B: *le concert*

  1 C: *devant le café*

  4 D: *son devoir de maths*

  2 E: *un taxi*

UN MESSAGE

Béatrice a téléphoné à son amie Chrystelle, pour lui laisser un message. Remplis les blancs pour donner le message à Chrystelle.

[4 marks]

(Solution: page 108)

Rendez-vous au

........**A**........ *à 19 heures.*

Sylvie et Philippe ne viennent pas.

........**B**........ *est malade*

et ....**C**........ *doit faire ses devoirs.*

On devra rentrer en

........**D**........

C The **world around** us

5 Home town, local environment and customs

◖◗ Look at the pictures and use them to think of the French words you will hear (e.g. **A** = *neiger, neige*). If you need to, look up any words you don't know in a dictionary, but no more than you can do in one minute. You know that you don't need to check on **E** as that is used in the example.

◖◗ If you hear some key words which you don't understand, write them in pencil next to the question. If you can't understand them when you see them, wait until the exam ends. You may then have a few minutes when you can use a dictionary. You can use this time to look up a few key words and answer some more questions, gaining valuable extra marks.

LA MÉTÉO

Choisis la bonne image. **Écris la lettre** qui va avec chaque région.　　[4 marks]

Exemple: Le Nord = E

Les régions

Le Midi

La région parisienne

La côte atlantique

Le sud-est

(Solution: page 108)

6 Home town and region

◖ Begin by reading the questions very carefully. You should not look up any words in the dictionary.

◖ Give yourself two minutes to use the questions to anticipate what you will hear. This will help you to hear the information you are looking for. For example, the answer to **b** will be a place – a town or country – so you know what to listen for.

◖ Keep your answers as short and simple as possible.

◖ Use the pauses on the tape to write your answers to the previous two questions.

◖ When you hear a word which ends in *-ment*, remember that it is probably the equivalent of English words which end in '-ly', for example:
  exactement = exactly
  sûrement = surely, certainly

Éliane, une Française qui enseigne le français à Birmingham, parle de ses projets pour les vacances de Pâques.
Regardez les questions **a** à **f**.
Écoutez la conversation et répondez aux questions **en français** ou écrivez la lettre appropriée.

a Que dit Éliane au sujet de la ville de Birmingham?
Écrivez UNE lettre.   [1]
  A Elle trouve la ville ennuyeuse ✓
  B Elle n'aime pas le centre
  C Elle voudrait découvrir la ville
  D Elle connaît très bien la ville

b Où est-ce qu'Éliane va passer les vacances de Pâques?   [1]
~~croatian~~ au payes de Galles
[PAUSE]

c Qui va accompagner Éliane en vacances?   [1]
un group davis

d Qu'est-ce qu'ils vont faire? [Donnez une activité.] ✓   [1]
velo promenade
[PAUSE]

e Pourquoi vont-ils loger à l'auberge de jeunesse? ✓   [1]
it is cheaper, Save Money

f Pourquoi Éliane ne va-t-elle pas visiter Londres?   [1]
~~she~~ elle prefere la compagne à la ville

[6 marks]

34   (Solution: page 108)   © MEG Specimen Papers 1997/8

7 Finding the way

◘ Study the question carefully and make sure that you know what to do. Before you listen, find the *Hôtel Métropole* on the town plan and check that you know where you would come out of the hotel.

◘ Then, if you have time, imagine the instructions you would be given to go from the hotel to one of the places you are looking for. This will help you to understand the directions on the recording.

◘ Pause after each set of directions to write your answers.

Vous êtes à l'Hôtel Métropole. Vous voulez aller:

à la poste

à la gare des autobus

au syndicat d'initiative

au musée

au théâtre.

Vous allez entendre 3 instructions. C'est quelle destination?
Écrivez les réponses, en français.   [3 marks]

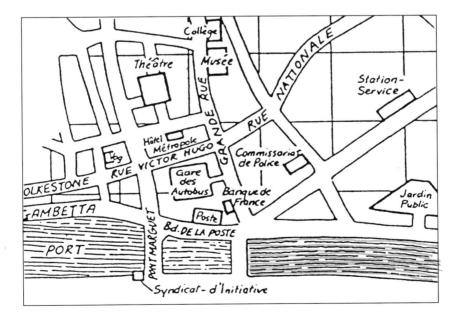

(Solution: page 108)

8 Shopping

○ Read the questions carefully and prepare to answer them, in English. For example, with **b**, make sure that you know the French for a butcher's and a grocer's; then, when you hear these, you will know that the information you need is coming. For **c**, you know from the question that the answer will be a number and, probably, a high number.

○ You can often make a sensible guess to work out what a word means. So, for **d**, you hear Denise say:

'Tu serais très gentille aussi d'... les pommes de terre.'

If you miss the word ..., work out what you would probably do with potatoes when preparing a meal.

○ Pause the cassette to write your answers.

○ Remember the technique you can use if you hear a key word which you don't understand. Write the word, in pencil, next to the question. Then, at the end of the exam, you may be able to look up the word in a dictionary.

You and your family are staying with a French friend, Denise. Denise has left a message on the answerphone asking for help. You write down the details for your mother as she does not understand French.

Look at the questions below.

Now listen to the message and fill in the details in English.

a Why will Denise be late?   [1]

b Write the details of what is to be bought.

Shop	Item	Quantity (amount, weight, etc.)	
Butcher's	A .Pâté..	B	[1]
Grocer's	potatoes white wine C pomme de terre	2 kilos 1 bottle D ..bag...	[1]

c At what temperature should the oven be set?   [1]
....90... degrees

d What else does Denise ask your mother to do?   [1]

[5 marks]

(Solution: page 108)   © MEG Specimen Papers 1997/8

9 Getting around

◖◗ This question is quite complicated, so read it very carefully and work out what you have to do. Try to do this without using a dictionary. If you are in any doubt, the example should make everything clear: you listen to it, hear that it is a music programme (*une émission musicale*), so you write the letter E.

1
2
3

◖◗ When you listen to the other recordings, don't worry if you don't understand everything. You don't need to. You need only to pick up clues to show you what sort of radio programme each one is – and the seven programmes listed, A to G, tell you what sorts of programmes you will hear. Just listen for some key words in each extract. For example, think which sort of programme would contain these words: *match, stade, spectateurs, équipes.*

◖◗ Before you try to answer this question, practise again seeing and hearing the same words:

A: *la circulation* 4 traffic   F: *une autoroute* 8 ✓

B: *un crime* ✓ 2 police   G: *dix kilomètres* 7 ✓

C: *la valeur* ✓ 3 value   H: *une déviation* 9 ✓ detour

D: *au stade* ✓ 1 stadium   I: *la question* 5 ✓

E: *un spectateur* 10 Spectator J: *cinq secondes* 6 ✓

Vous allez entendre quatre petits extraits de la radio française.

Regardez la liste des descriptions A à G.

Descriptions

games show A émission de jeux
traffic program B circulation routière **3**
          C crime
weather   D bulletin météo 1
          E émission musicale
          F sport
          G émission touristique

Écoutez les extraits et choisissez la description qui correspond le mieux à chaque extrait. Écrivez la lettre A, B, C, D, E, F, ou G pour chaque extrait.

Exemple: E

Et maintenant, à vous.

[4 marks]

(Solution: page 108)

D The world of work

10 Careers and employment

- Read the question and the list of jobs. Look up in a dictionary any words for jobs which you don't know.
- Before you listen, think about the jobs and what people with these jobs do. This will help you to recognise them when you hear them. For example, think who would use these words: *la poste, je distribue des lettres, des paquets*.
- Listen to each person twice, and write your answer before going on to listen to the next person.
- French words which end in *-ant* are often the equivalent of English words which end in '-ing', for example:
  fatigant = tiring *intéressant* = interesting

A | facteur
B | infirmière
C | mecanicien
D |
E |

Écoutez ces cinq personnes qui parlent de leur métier. Notez la lettre de chaque profession avec la bonne personne. [4 marks]

Exemple: A = facteur

professeur	infirmière	secrétaire	mécanicien
vendeur	facteur	employé de banque	boucher

© SEG Specimen Papers 1997/8

(Solution: page 109)

11 Advertising and publicity

- Whenever a question includes an example, study it carefully: it can help a lot. This one shows that you can write short and simple answers – probably just one word.
- When you write numbers, use figures (e.g. 1st, 31, 1000) and not words (e.g. *premier, trente et un, mille*).

Tu cherches un emploi en France et tu entends cette annonce à la radio. **Note les détails en français.**

Exemple: où en France? Nice [4 marks]

a genre d'emploi
b dates
c heures (par semaine)
d avantage important payer

© London Examinations, a division of Edexcel Foundation 1996

(Solution: page 109)

E The international world

12 Accommodation

◖ Read the questions carefully. Use the words and the visuals to prepare yourself for the recording. Look especially at **b**, **c** and **d**, and think of the French words which the pictures suggest. This will help you to spot easily whether what is said matches the pictures.

À L'HÔTEL

Lisez chaque question et écrivez VRAI ou FAUX. [4 marks]

Exemple: Hôtel de la République   **VRAI**

a Réservation au nom de Fouconne.

b Ils ont réservé:

c

d

(Solution: page 109)

Listening: Part 3

In Part 3, you can learn how to do everything you need to earn a Grade A*:

- **Everything in Part 2** (see page 29).

- **Understand gist and identify main points and details** in a variety of types of authentic spoken French.

- **Recognise points of view, attitudes and emotions**.

- **Draw conclusions**.

A Everyday activities

1 School

> ◆ As always, read the question carefully to be sure that you know exactly what to do. Use the questions to anticipate what you are likely to hear: you know, from the questions, that the speaker is talking about foreign languages – so listen out for any languages you hear mentioned. Similarly, for B and D in the first question, you know that you need to listen for numbers – probably between one and 10.

> ◆ There is only one mark for each question, so keep your answers short and simple. For **c**, for example, you need to give only one reason.

Une jeune française parle de ses études.

a Quelles langues étudie-t-elle? [4 marks]

Langues	Depuis combien de temps
A	B
C	D

b Quelle est sa langue préférée? [1 mark]

c Pourquoi? [1 mark]

(Solution: page 109)

2 School

◖ Give yourself 30 seconds only to read the question and make sure that you understand it.

◖ This question does not give you a lot of help in anticipating what you will hear. It does, however, give you **some** help:

– The speaker will use past tenses when he talks about his first years in Courchevel and the present tense when he talks about now.

– He will probably use the word *maintenant* when he starts to talk about the present.

◖ Here is a useful tip. When you hear a French word which ends in *-ique*, the English equivalent often ends in '-ic' or '-ical', e.g.

fantastique = fantastic   *physique* = physical
technique = technical

Vous écoutez à la radio une interview avec un moniteur de ski à Courchevel.

Quelles sont les deux différences qu'il remarque entre ses premières années à Courchevel et maintenant? **Répondez en français.**   [2 marks]

(Solution: page 109)   © Northern Examinations & Assessment Board 1996

3 Home life

◖ Give yourself 30 seconds to make sure that you understand the question. There is one mark for each answer, so keep your answers short and simple. Don't worry too much about spelling: as long as it is clear what you mean, you will score full marks.

◖ Use the table to anticipate what you need to listen out for. For each person, you need to find the time they get up, what they eat or drink for breakfast and a pastime.

5 personnes de nationalité différente vous parlent de leur journée typique. **Écrivez en français** les renseignements qu'elles donnent.   [13 marks]

	se lève à 🕐 ?	prend au petit déjeuner	passe-temps
Tunisienne	A ..6..	B gateau & C café	aller à la plage
Philippin	D..7:30......	jus de fruit & du pain	E sport with friends
Américaine	F 7:00......	G .... & H jus d'orange	I ...Sport...... ✓
Camerounais	J ..6:30..	K	L College......
Israélien	5 heures	M lait............ ✓	———

(Solution: page 109)   © MEG Specimen Papers 1997/8   41

4 Health and fitness

◖ The questions here are in English and are to be answered in English. You still need to read them carefully because they can give you a lot of help in anticipating what is on the recording.

◖ Notice that you need to give **two** pieces of information with **a** and **c**.

◖ There will be more information in the recording than you need in order to understand to answer the questions. Pick out only the information needed to answer the questions.

◖ When you hear a French verb ending in -é, remember that it is probably the equivalent of an English verb ending in '-ed', e.g.

fatigué = tired   *décidé* = decided   *commencé* = started

Other verb endings sound similar when they refer to the past, e.g.

j'étais = I was   *je ne pouvais pas* = I couldn't

il y avait = there was   *les gens aimaient* = people liked

All these clues help you to know when people are referring to the past. There are other clues as well, such as the following phrases:

il y a trois ans = 3 years ago

un jour = one day   *avant* = previously

LA SANTÉ

Answer these questions in English.

At school, for Technology, you are doing a project on health and healthy eating. You decide to interview your penfriend's father to find out if people in France are aware of its importance.

Listen to what he says and make notes on the following points in English.

a How did he know he was unfit?   [2]

b What made him decide to do something about it?   [1]

c How did he alter his diet?   [2]

d What other action did he take?   [1]

e What criticism does he make of technological progress?   [1]

f What example does he give of the way in which motorcars have changed people's habits for the worse?   [1]

[8 marks]

(Solution: page 109)

B Personal and social life

5 Leisure and entertainment

◀ Read the question and find out what you have to do. One useful technique to prepare is to rehearse in your head the sorts of things people say in a given situation. Here, think of the key words people would use when discussing which film to go and see. For example, which of the following words would you expect to hear?

pomme de terre	*avec des sous-titres*
drôle	*la météo*
en version originale	*d'accord*

LE CINÉMA

Answer these questions **in English**.

Two friends are discussing which of these three films to go and see.

A
LE MASQUE
Comédie avec Jim Carey
V.O.S.T.F.

B
ENTRETIEN AVEC UN VAMPIRE
avec Tom Cruise

C
GERMINAL
Film français avec Gérard Depardieu

a Which film do they choose?   C   [1 mark]

b Write down the names of the two films they reject and explain why they have rejected them.   [2 marks]

Name of film:
Reason:

(Solution: page 109)

6 Self, family and friends

◆ Prepare by reading the question carefully and by using the pictures and words to anticipate what the answers might be.

◆ Here are two useful tips:

1 The information usually comes on the recording in the same order as the questions.

2 Write any word you aren't sure of in pencil, and check this in your dictionary at the end of the exam. If you don't have time for this, don't worry: even if your spelling isn't perfect, you can still score full marks.

Vous arrivez chez votre correspondante, Jeanne. Quand vous allez dans le salon, Jeanne vous présente ces personnes. Qui sont-elles? [3 marks]

A son …      **B** son …   **C** sa …

© Northern Examinations & Assessment Board 1996

(Solution: page 109)

7 Self, family and friends

◆ The language of this question is quite difficult, so make absolutely sure that you understand it. Then learn these instruction words as they could well come up in your exam.

◆ Note that two pieces of information are needed for **a**.

Vous écoutez à la radio une émission sur les jeunes et l'amour.

a Pourquoi est-ce que la vie sociale de ces jeunes est assez difficile?
Répondez en français. [2 marks]

b Pour chacun de ces deux jeunes (Marie et Pierre), choisissez la phrase qui convient le mieux.
Écrivez une lettre (A, B, C ou D) pour chaque personne. [2 marks]

A Une expérience amoureuse aide le travail scolaire.

B Je ne m'intéresse pas à l'amour.

C Je pense à l'amour, mais je travaille toujours.

D Il y aura le temps pour l'amour après le collège.

© Northern Examinations & Assessment Board 1996

(Solution: page 109)

8 Self, family and friends

◖◗ You need to read these questions carefully and be sure that you understand them.

◖◗ To assess the attitude of each speaker, listen both to **what** they say and **how** they say it.

◖◗ Remember that there are many words which look the same in English and French, but which sound different, e.g. *une situation*, *la conversation*, *impatience*.

Vous allez entendre trois personnes qui parlent à la radio de leur situation personnelle.

Regardez les questions 1 à 6.

Écoutez chaque personne et répondez aux questions **en français**, ou écrivez la bonne lettre.

Mme Bouleau

a Comment est-elle? Choisissez UNE lettre.   [1 mark]

   A heureuse   B déçue   C timide   D difficile

b Donnez UN exemple qui montre sa personnalité.   [1 mark]

[PAUSE]

M. Morel

c Comment est-il? Choisissez UNE lettre.   [1 mark]

   A déprimé   B paresseux   C content   D optimiste

d Donnez DEUX raisons pour son attitude.   [2 marks]

[PAUSE]

Mme Fournier

e Que pensait-elle de la Belgique avant de la visiter?   [1 mark]

f Après avoir visité la Belgique, Mme Fournier … (Choisissez UNE lettre.)   [1 mark]

   A était impatiente.

   B a changé d'opinion.

   C était triste.

   D a passé une semaine formidable.   [7 marks]

(Solutions: page 109)

9 Free time, holidays and special occasions

◖◗ Give yourself two minutes to read these two questions and to work out exactly what you need to do.

◖◗ Use the questions to focus your listening so that you know clearly what information to listen for. Be ready to ignore a lot of what you hear in order to find the information you need.

◖◗ Remember that you can write down any key words you can't understand and look them up later.

1 You are listening to French radio, and you hear this programme on skiing. Answer **in English** your parents' questions about it.

   a In what **two** ways should people prepare before setting off on a skiing holiday? [2 marks]

   b (i) When does the number of skiing accidents increase? [1 mark]

     (ii) Why? [1 mark]

     (iii) What does the speaker recommend to avoid this? [1 mark]

   c (i) When skiing with children or babies, what special precautions are recommended? Name **three**. [3 marks]

     (ii) What final piece of advice is given, and why?) [2 marks]

© Northern Examinations & Assessment Board 1996

2 LES VACANCES

Answer this question **in English**.

Claude is complaining about his last holiday which he spent camping in the Vosges mountains.

Give **three** reasons why he did not enjoy his holiday. [3 marks]

© London Examinations, a division of Edexcel Foundation 1996

(Solutions: pages 109–110)

10 Personal relationships and social activities

◁▷ Now practise dealing with several questions in one go. Before you start, think about what you need to do:

1 to prepare to listen;
2 to focus your listening;
3 to cope with any problems of understanding;
4 to write your answers.

It may help to go back and read again the advice you have met so far in Parts 2 and 3.

1 a (i) Pourquoi Jean a-t-il commencé à fumer? [1 mark]

    A On lui a offert une cigarette.
    B Il a décidé finalement d'essayer le tabac.
    C Il l'a fait presque par hasard.

  (ii) Il en a fini avec les cigarettes maintenant parce que: [1 mark]

    A sa petite amie est contre.
    B fumer, c'est trop cher.
    C il a peur du cancer.

b (i) Pourquoi Jean a-t-il critiqué l'attitude de Sophie envers lui? [1 mark]

    A Parce qu'elle ne lui accordait pas assez de liberté.
    B Parce qu'elle passait trop de temps à se maquiller.
    C Parce qu'elle arrivait en retard au rendez-vous.

  (ii) Quelle a été la réaction de Sophie devant les observations de Jean? [1 mark]

    A Elle a été furieuse.
    B Elle a refusé de l'écouter.
    C Elle a voulu s'expliquer calmement.

c Quelles sont les impressions de Jean sur l'Angleterre? Écrivez **F (favorable)** ou **D (défavorable)** pour les aspects suivants: [6 marks]

A   B   C   D   E   F

d (i) Quelle est l'attitude de Jean envers le mariage? [1 mark]

    A Il est nettement contre.
    B Il est pour, s'il y a des enfants.
    C Il a absolument l'intention de se marier.

  (ii) Quelle est l'attitude de Sophie envers le mariage? [1 mark]

    A Elle est de l'avis de Jean.
    B Elle refuse d'épouser Jean.
    C Elle a cherché à influencer son petit ami contre le mariage.

2 LES PARENTS

Nicole, Jérôme, Alain et Dominique parlent de leurs parents.

Pour chaque personne, choisis la bonne réponse.
Écris la bonne lettre pour chaque nom.

Exemple: Nicole A

A Quand je rentre tard mes parents s'inquiètent.

B Je ne vois jamais mes parents.

C Mes parents me critiquent tout le temps.

D Pour eux le travail scolaire est très important.

E Je peux parler à mes parents.

F Ils m'encouragent tout le temps.

G Ils ne s'intéressent pas à moi.

[3 marks]

(Solutions: page 110)

C The **world around** us

11 Home town, local environment and customs

> Remember that in spoken French the letters 'ch' sound like 'sh' in English. You should then have no problem understanding words like *chocolat*, *charme*, *chapelle* and *acheter*. Similarly, the letter 'g' in French often sounds different from the English, e.g. *région*, *argent* and *mangé*.

UN ANNIVERSAIRE

Roselyne parle de son anniversaire.
Écris VRAI ou FAUX pour chaque phrase.

Exemple: Son anniversaire était samedi. **vrai**

a Elle a reçu beaucoup de cadeaux.

b Ses grands-parents lui ont donné une montre.

c Elle est restée à la maison le jour de son anniversaire.

[3 marks]

(Solution: page 110)

12 Public services

◖◗ It's not as easy as it seems to answer questions like these. They are sometimes made complicated and you need to listen and read very carefully to be sure to get the answers right. Begin by making sure that you really understand the six sentences. As you listen, check **every** part of each sentence against what you hear: one part of the sentence could be true and another part untrue, which makes the whole sentence untrue. It helps, however, that the information on the recording is in the same order as the six sentences – as usual.

AU BUREAU DES OBJETS TROUVÉS

Écris la lettre des 3 phrases correctes.   [3 marks]

A Elle a perdu un porte-monnaie dans le café.
B Elle a perdu son sac.
C Elle a quitté le café il y a trente minutes.
D Il y avait des photos de sa famille dedans.
E Elle a perdu cent francs.
F On a retrouvé un portefeuille.

© London Examinations, a division of Edexcel Foundation 1996

(Solution: page 110)

13 Getting around

◖◗ Now practise again answering several questions in one go. Don't get depressed if you find a question difficult and, above all, don't give up. Just draw a cross in pencil next to the question and write with it any key words you heard, then come back to it at the end. The important thing is to keep going – the next question could be much easier. In most exams, the difficulty of questions goes up and down in the paper, and you often have easy questions after a hard one.

◖◗ Here are a few things to look out for in these questions: Number 1: There are five sentences and only three marks, so probably only three of the sentences have a mistake in them. Numbers 2, 3 and 4: The information on the recording is probably in the same order as the sentences in the question. Watch out for the number of marks next to each question and make sure you give the right number of pieces of information.

1 Voici les gros titres d'un journal. Copiez les mots qui ne
   correspondent pas avec la bande.   [3 marks]

   Exemple:

   ## GRIPPE CHINOISE: FAITES VACCINER VOS ENFANTS D'URGENCE!

   Vous écrivez: **enfants**.

   A ## PÉRIPHÉRIQUE: CE MATIN 10H: CAMION RENVERSÉ, 2 ROUTIERS LÉGÈREMENT BLESSÉS

   B ## PARIS: GRÈVE DES POSTIERS DÉCLENCHÉE DEPUIS MINUIT

   C ## SONDAGE: 13% DES ADULTES MÂLES ONT CESSÉ DE FUMER EN '94

   D ## RUGBY: DÉFAITE DU QUINZE DE FRANCE DEVANT LA NOUVELLE ZÉLANDE

   E ## BORDEAUX: USINE PORELLI A FERMÉ SES PORTES EN MARS

   © MEG Specimen Papers 1997/8

2 LE TUNNEL SOUS LA MANCHE

   Madame Duval, son fils Alain et sa fille Marie vont passer des
   vacances en Angleterre.

   a Pour chaque phrase, **écrivez le nom** de la personne (ou des
         personnes) qui exprime(nt) cette opinion: Mme Duval, Alain
         ou Marie   [4 marks]

   Exemple: Dit que voyager par le tunnel est confortable.

         Vous écrivez: **Marie**

         A Dit qu'on ne voyage pas très vite si on prend le tunnel.
         B Trouve qu'on devrait prendre le tunnel parce que ce serait
            une nouvelle expérience.
         C Propose un autre moyen de transport.
         D Dit qu'il faut faire une comparaison des tarifs.

   b En conclusion, quelles sont leurs attitudes à ce sujet?
         Écrivez le nom de la personne: Mme Duval, Alain ou Marie. [4 marks]

         A Est plutôt pour le tunnel.
         B N'a pas une opinion très forte à ce sujet.
         C A peur de voyager sous la mer.
         D Est plutôt contre le tunnel.

3 a Combien d'heures par jour est-ce qu'on peut écouter
'France-Infos'?
Écris la bonne lettre. [1 mark]

A 17   B 12   C 13   D 20   E 24

b Quel était le problème dans les Alpes Maritimes?
Écris la bonne lettre. [1 mark]

A le feu   D une chute de pierres

B une inondation   E une avalanche

C des accidents

c Il y a eu un accident près de la Porte de Chaillot à Paris.
Nomme les deux véhicules. [2 marks]

© Welsh Joint Education Committee 1995

4 Vous allez entendre une conversation entre une jeune
Française, Marie-Jo, qui habite à Limoges et son frère, Marc.
Marc a fait un voyage très difficile de Paris en voiture.

Regardez les questions **a** à **i**.

Écoutez la conversation et répondez aux questions **en français**,
ou **écrivez la bonne lettre**.

a À quelle heure Marc a-t-il quitté Paris? [1 mark]

b Pourquoi est-il rentré à son appartement? [1 mark]

[PAUSE]

c Pourquoi a-t-il mis si longtemps pour regagner le périphérique? [1 mark]

d Quel problème a-t-il eu vers dix heures? [1 mark]

[PAUSE]

e Quand il s'est remis en route, Marc était:
(Écrivez UNE lettre.) [1 mark]

A content.   B de mauvaise humeur.

C bête.   D très fatigué.

f Quel temps a-t-il fait à Orléans? [1 mark]

g Expliquez ce qui s'est passé près de Châtellerault vers
trois heures. [1 mark]

h Nous avons l'impression que Marc:
(Écrivez UNE lettre.) [1 mark]]

A conduit d'une façon dangereuse.   B est très nerveux.

C conduit sa voiture lentement.   D est un peu distrait.

i Quelle est l'attitude de Marie-Jo envers son frère?
(Écrivez UNE lettre.) [1 mark]

A Elle l'aime bien.   B Elle pense qu'il est bête.

C Elle est très fâchée contre lui.   D Elle le trouve amusant.

(Solutions: page 110)   © MEG Specimen Papers 1997/8

D The world of work

14 Careers and employment

◘ This topic is often tested in your exam, so make sure that you have learnt the key vocabulary for it.

◘ Once again, practise building up your confidence for the exam by dealing with several questions in one go. Before you start, remember what you have learnt about preparation, listening and writing your answers. Give yourself four minutes to read the questions and to get ready to listen to the recordings.

◘ Here are a few tips:
Numbers 2 and 6: Beware of the third choice in these (*Personne* (nobody), *Pas sûr(e)/On ne sait pas*). If the answer isn't clearly one of the others, pick the third choice.
Numbers 3 and 5: Assume that the information on the recording will be in the same order as the questions. Keep your answers as short as possible and take as much as you can from the recording.

1 Les membres de la famille de votre amie, Jeanne, parlent de leurs emplois.

   a Donnez un avantage et un inconvénient pour chaque emploi.   [6 marks]
     A FACTEUR   B PROFESSEUR   C SECRÉTAIRE

   b **À votre avis**, qui est le plus heureux?   [2 marks]
     Pourquoi?

© Northern Examinations & Assessment Board 1996

2 LES JOBS À L'ÉTRANGER

Deux jeunes parlent des jobs à l'étranger pour les étudiants.

   a Qui exprime ces opinions?
     Écris: La fille
             Le garçon
     ou   Personne.   [4 marks]

   Exemple: L'article est intéressant.
     Tu écris: La fille

     A Les emplois sont faciles.
     B Les jobs pour étudiants ne sont pas bien payés.
     C On peut rencontrer les gens.
     D Je veux perfectionner mon anglais.

b En conclusion quelles sont leurs attitudes à ce sujet?   [2 marks]

  Écris: Pour
       Contre

  ou   Pas sûr(e)

  La fille:

  Le garçon:

3 Vous allez entendre Laurent qui parle de ses projets pour l'avenir et du travail qu'il voudrait faire

Regardez les questions **a** à **f**.

Écoutez Laurent et répondez aux questions **en français** ou écrivez la bonne lettre.

a Où est-ce que Laurent voudrait travailler l'année prochaine?   [1]

b Qu'est-ce que Laurent devra faire en France pendant dix mois?   [1]

[PAUSE]

c Une fois qualifié, où est-ce que Laurent voudrait travailler comme professeur?   [1]

d Laurent voudrait enseigner les élèves de quel âge?   [1]

[PAUSE]

e Quelle est l'attitude de Laurent envers le nord de la France?   [1]

f En parlant de l'avenir, Laurent semble être:
(Écrivez UNE lettre.)   [1]

  A inquiet

  B optimiste

  C incertain

  D triste   [6 marks]

4 LA VIE À LA CAMPAGNE

Dis si chaque phrase est vraie ou fausse en écrivant VRAI ou FAUX.   [8 marks]

a Patrick aime la vie à la campagne.

b On peut acheter tout ce qu'on veut au village.

c Patrick va en ville quelquefois.

d Il a beaucoup d'amis en ville.

e Ses parents sont propriétaires d'un café.

f Il travaille toute l'année dans la buvette.

g Il y fait la connaissance des jeunes touristes.

h Il écrit à son amie allemande en anglais.

5 Marc Tirion, journaliste pour 'Podium magazine', a fait une interview avec la vedette de tennis et de musique pop Yannick Noah qui vient d'enregistrer un disque. Il y a deux parties.

Première Partie

a Pourquoi est-ce qu'il a attendu la fin de sa carrière comme joueur de tennis avant de faire un disque?
Complète la phrase. [1 mark]

Parce que …

b Yannick Noah et les autres voient l'âge de 30 ans d'une façon différente.
Complète les phrases [2 marks]

Les autres pensent qu'à l'âge de trente ans …
Noah pense qu'à l'âge de trente ans …

Deuxième partie

c Qu'est-ce qu'il pense de la chanson de son ex-femme?
Remplis le blanc. [1 mark]

Sa chanson est …

d Pourquoi est-ce qu'il a écrit la chanson en anglais?
(Donne 2 raisons).
Remplis les blancs. [2 marks]

Parce que …
Et parce que …

© Welsh Joint Education Committee 1995

6 Cécile, une jeune lycéenne, parle de ses expériences pendant un stage en entreprise. Lisez les phrases ci-dessous et, pour chaque phrase, **écrivez**: **Oui**, **Non**, ou **On ne sait pas**. [5 marks]

A Cécile aidait les gens à trouver un logement.
B Elle a aimé le travail.
C Elle travaillait huit heures par jour.
D Ses collègues étaient très gentils.
E Elle voudrait faire le même travail après ses études.

© SEG Specimen Papers 1997/8

(Solutions: pages 110–111)

15 Advertising and publicity

◖◗ This is quite a difficult question, so be careful! It would help a lot to spend two minutes really getting to know the poster. Make sure that you understand everything on it so that you'll be prepared to spot all the three mistakes on the recording.

◖◗ You will hear the word *mineur* and will have no trouble with this if you remember that the English equivalents of words ending in *-eur* often end in '-or', e.g.

mineur = minor

acteur = actor

Écoutez cette publicité. Puis regardez l'affiche, et **corrigez** les trois erreurs **en français**.

[3 marks]

DISCOTHÈQUE

la main jaune

ouvert aux moins de 18 ans

entrée   50F

bière 10F
Coca Cola 5F

ouvert le weekend
de 14h à 19h

(Solution: page 111)

16 Communication

> ◄ Notice how many marks you can earn simply by knowing French numbers. Many candidates lose marks simply because they can't understand French numbers: don't be one of them!

1 Écoutez ces messages au répondeur, et **corrigez** les erreurs **en français**.

Exemple:

Vous écrivez:

C 60 → 70
D jeudi → vendredi

Exemple:

	MESSAGE TÉLÉPHONIQUE	
A	POUR	M. Leclerc
B	DE	Jerôme Toutbon
C	NUMÉRO DE TÉLÉPHONE	01 / 32 / 57 / 60 / 23
D	MESSAGE	*Ne peut pas venir jeudi matin. Voudrait un rendez-vous à 15h si possible.*

a

	MESSAGE TÉLÉPHONIQUE	
A	POUR	Christine
B	DE	Stéphanie
C	NUMÉRO DE TÉLÉPHONE	/ / / /
D	MESSAGE	*Arrive à la gare sur le train de 17h25. Peux-tu la rencontrer à la gare?*

[2 marks]

b

	MESSAGE TÉLÉPHONIQUE	
A	POUR	Mme Leconte
B	DE	Marc Dupont
C	NUMÉRO DE TÉLÉPHONE	03 / 42 / 74 / 18 / 18
D	MESSAGE	*Sa soeur est à l'hôpital. Il ne vient pas vous voir comme prévu. Téléphonez-lui s'il vous plaît après jeudi, et il aura des nouvelles pour vous.*

[3 marks]

© Northern Examinations & Assessment Board 1996

2 Vous êtes en vacances, en France. Vous êtes dans une cabine téléphonique.

    a Vous avez choisi quel service?
    Écrivez la bonne lettre. [1 mark]

        A Information   B Météo   C Horloge parlante

    b Il faut attendre combien de temps?
    Écrivez la bonne lettre. [1 mark]

        A Quelques secondes   B Plusieurs minutes   C Longtemps

© Language Teaching Centre, The University of York 1996

(Solutions: page 111)

E The international world

17 Life in other countries and communities

▶ First read the question, which you should have no problem in understanding. Note that there are four ingredients listed and four marks for the question. This is a good clue that you need to correct all the ingredients.

▶ You should have no trouble focusing on the details of the four ingredients in the recording. Your knowledge of French numbers will then be tested again!

Corrigez la liste des ingrédients pour la salade de fruits.   [4 marks]

A Un petit ananas

B Six abricots

C Un kilo de cerises

D Deux melons

© Language Teaching Centre, The University of York 1996

(Solution: page 111)

18 Tourism

▶ Time again to work on several questions together and to polish up all your exam skills. Remember everything you have learnt as you tackle these questions.

▶ Here are a few tips:
Number 1: The recording is quite long. Listen and pick out six pieces of information about Nathalie's holidays.
Number 2: Assume that the answers in the recording will be in the same order as the questions and listen for the key words.
Number 3: Numbers tested again! Follow the same advice as for Number 2.

1 Two students from your French exchange school, Nathalie and Véronique, are discussing their holidays. Listen to what Nathalie says, and make some notes **in English**, so that you can explain to your classmates what happened.   [6 marks]

© Northern Examinations & Assessment Board 1996

2 Françoise has sent you a cassette about her family's weekend at a hotel in Dieppe. Your mother asks you some questions. Answer the questions **in English**.

    a What was the problem at the beginning?   [1 mark]

    b What was the mother's reaction?   [1 mark]

    c How did the father solve the problem?   [2 marks]

    d Why did Françoise mention Saturday morning?   [1 mark]

    e How did the family feel at the end of the weekend, and why?   [2 marks]

© Northern Examinations & Assessment Board 1996

3 Vous allez entendre une annonce à la radio sur le tourisme à Prague, la capitale de la République Tchèque.

Regardez les notes.

Écoutez l'annonce et complétez les détails **en français**.

PRAGUE

Pour y voyager

En avion

    a Durée du vol Paris-Prague …   [1 mark]
         Coût en charter: 1200 francs

En train

    b Fréquence des voyages …   [1 mark]
         Heure du départ (Paris Est): 23h

    c Arrivée à Prague …   [1 mark]

[PAUSE]

Orient Express

    d Prix (aller simple): … francs   [1 mark]

    e Fréquence des départs …   [1 mark]

[PAUSE]

Logement

    f Problème avec les hôtels …   [1 mark]

    g Solution moins chère …   [1 mark]

Restaurants

    h Conseil …   [1 mark]

© MEG Specimen Papers 1997/8

(Solutions: page 111)

19 Accommodation

◖ Prepare to answer these two questions and then answer them. Here are some tips:
Number 1: Assume, as usual, that the information on the recording will be in the same order as the questions and that you can take your answers from the recording with little or no change to the words.
Number 2: With this sort of question, the answers on the recording will obviously be in a different order from the questions. When assessing people's attitudes, remember to listen both to **what** they say and **how** they say it.

1 Vous êtes au camping.

   a Un emplacement coûte combien?   [1 mark]

   b Quel est le problème?   [1 mark]

   c Pour quelle raison décident-ils de rester à ce camping?   [1 mark]

2 Faites correspondre la personne et la situation.   [3 marks]

   Exemple: 1 = B
   A Quelqu'un qui est surpris.
   B Quelqu'un de décidé.
   C Quelqu'un qui se rappelle quelque chose.
   D Quelqu'un qui cherche une chambre.

© Language Teaching Centre, The University of York 1996

(Solutions: page 111)

20 The wider world

◖ Read the question carefully and use the skills you have developed to anticipate what you will hear, to focus on the words you need when you listen and to write your answers.

Écoutez cette cassette.
Écrivez des notes sur chaque personne. Écrivez **en français**.   [6 marks]

	Personnalité **Écrivez la bonne lettre**	Sports	Intérêt particulier
Jean-Noël	A réservé C enthousiaste B égoïste D sérieux		
Amélie	A réservée C enthousiaste B égoïste D sérieuse		

© Northern Examinations & Assessment Board 1996

(Solution: page 111)

How to prepare for your speaking exam

The more you know about how your speaking exam works and how what you say is marked, the better your result will be, so look carefully at the syllabus and ask your teacher to explain it to you. This section will show you how to do well in all the tasks you will have to do in your exam. Work through it and practise along the lines suggested and you will get the best possible grade. One thing to remember is that you can get high marks in your speaking exam by using what you have learnt to write, and that you can use in your writing exam what you have learnt to say. So, you don't have to learn everything twice!

The exam

In your speaking exam, you will have two sorts of activities: two rôle-plays and a conversation. About half the marks go to each of these, so both are important. You can score the highest marks if you remember a few important points:

1   In rôle-plays, what really matters is that you communicate the messages so that a French person would understand them. Concentrate on this, keep what you say as simple as possible and don't worry if you make a few mistakes.

2   In the conversation, the examiner wants to hear just how good your French is and how much you know. This section of the book will show you how to demonstrate this to your best advantage.

It is also useful to remember that your conversation will be with your teacher: your teacher will ask the questions and will ask the same sorts of questions in the exam as s/he asks in class, and as are in this book. So listen carefully in class to the questions and practise answering them as much as possible. What you do in this book and in class is what you will do in the exam.

How to use the book and cassette

Work regularly with the book and cassette for the year before your exam.

Each topic deals with either rôle-play or conversation, or both, depending on the way it is more likely to be tested in the exam.

Model answers are provided for all questions. However, in some cases, the answers follow immediately after the question and are accompanied by explanations and advice: these are designed to help you learn best how to tackle that particular type of question. Other questions are provided so that you can test yourself, in which case you will find the suggested answers at the back in the Solutions.

The earlier topics in this section give you more help with ways to tackle the rôle-plays and conversation than the later ones, so you will probably find it helpful to work through the section in order.

You can follow the steps below with each rôle-play and conversation:

1 Work on the vocabulary for the topic in *GCSE French Vocabulary* (Heinemann) and make sure you know all the key words.

2 Look at the rôle-play or questions and prepare them along the lines suggested.

3 If you feel confident, you can listen to the recording and give your responses in the pauses, or pause the cassette to say your answers and say your responses in the pauses. Check with the Solutions and listen to the model answers. Finally, try to learn the model answers or adapt them to talk about yourself and write them down. Ask your teacher to correct your French, then learn your own model answers.

4 If, when you look at a rôle-play or some questions, you need help, you can look at the model answers in the Solutions. Follow the model answers in the book as you listen to them on the cassette. Try to learn the answers. Then look again at the questions and prepare to answer them. Now play the recording and give your responses in the pauses (you must rewind the cassette to the version with the pauses first), or pause the cassette to say your answers. Finally, adapt the answers to talk about yourself. Write them and ask your teacher to correct your French. Learn your own model answers.

How to learn the model answers

The more model answers you learn by heart, the better you will do in your exam. Here is a system which will help you to learn:

1 Listen to the model answers, pause the cassette and repeat immediately after each sentence. If a sentence is too long for you to do this, pause in the middle and repeat. Another good technique with long sentences is to break them up into easy sections and to repeat them in short sections, starting with the last section. Take a sentence like this: *Alors, le premier cours commence à neuf heures et quart.*
   First, repeat:
   ... à neuf heures et quart.
   When you feel confident with that, repeat:
   ... commence à neuf heures et quart.
   Then practise repeating:
   ... le premier cours commence à neuf heures et quart.
   Finally, repeat the whole sentence:
   Alors, le premier cours commence à neuf heures et quart.

2 When you find it easy to repeat **after** the model answers, practise repeating them **with** the recording. Try to say them at the same speed and with the same accent as the French people on the recording. This will help you to speak just like a French person, which will greatly impress the examiners.

3 Finally, you can practise saying the rôle-plays/conversations **without** the help of the recording. An excellent way to do this is to work with a friend. Take turns to be the teacher and give the other the chance to answer the questions or to play their part in the rôle-plays.

You can sum up these three steps as: speak **after** the cassette, speak **with** the cassette and speak **without** the cassette.

Revision

You will learn best if you revise regularly. A good way of doing this is to work quickly through everything you have done so far before you start on a new section in the book. This won't take you long but it will make you feel much more confident.

On the day before your speaking exam and on the day of the exam before you go in, spend as much time as you can listening, on the cassette, to the model rôle-plays and conversations. Practise repeating after and with the recording.

Don't be put off by how much there seems to be for you to learn. There is much less than there appears to be: much of it is French which you already know and what this book does is to show you how to use it to gain a high grade in your speaking exam.

So, good luck and good speaking!

What the examiners are looking for in the speaking exam

Foundation Tier

You should be able to:

1 Refer to past, present and future events in rôle-plays and conversations.

2 Express personal opinions.

3 Show the ability to deal with some unpredictable elements.

4 Convey messages clearly even if you make some mistakes.

5 Speak with a French pronunciation and intonation which are generally accurate.

Higher Tier

In addition to the above, you should be able to:

1 Take the initiative in rôle-plays and conversations.

2 Narrate something that happened.

3 Express and justify ideas and points of view.

4 Produce longer sequences of speech, using a variety of vocabulary and structures.

5 Speak confidently, with good pronunciation and intonation.

As you work through this book, you will learn to meet all these requirements.

A Everyday activities

1 School

Conversation

◀▶ Begin by reading the questions at the appropriate level for you. Make sure that you understand them, and use a dictionary to help you if you need to. Then listen to the cassette, concentrating on the questions to make sure that you will easily understand them all if you hear them in your exam. Listen as many times as you need to.

◀▶ When you feel confident about the questions, prepare your answers. You can use the model answers to help you, changing any of the words underlined to make them **your** answers. Then play the cassette again, but this time pause after each question and answer it before listening to the recorded answer. Do this a few times and repeat any of the recorded answers you need to learn. Finally, try to practise with a partner, taking turns to ask and answer the questions.

A Foundation

Questions

1 Comment vas-tu au collège?

2 Les cours commencent à quelle heure?

3 Et quelles sont tes matières préférées?

4 Tu as beaucoup de devoirs?

5 Où est-ce que tu fais tes devoirs?

Model answers

D'habitude, je prends le bus. Mais en hiver, je viens au collège en voiture.[a]

Alors, le premier cours commence à neuf heures et quart. Les cours finissent à trois heures et demie.[b]

Mes matières préférées sont l'anglais (parce que c'est facile) et les maths (parce que c'est utile). Mais je n'aime pas l'histoire. Je n'ai jamais été fort(e) en histoire.[c]

À mon avis, nous avons trop de devoirs. Je fais deux heures de devoirs par soir. C'est beaucoup, n'est-ce pas?[d]

Généralement, je fais mes devoirs dans ma chambre. Mais hier soir j'ai travaillé dans le jardin parce qu'il a fait beau.[e]

a Good, saying what you do usually (*d'habitude*) and what you do in winter (*en hiver*).

b You will impress the examiner by going further than you have to. Here you can say when lessons end.

c You must prepare something like this about your favourite subjects and what you don't like. You may be able to use it in both your speaking and writing tests.

d This is excellent because it goes beyond the minimum. It answers the question, expresses an opinion and, with *n'est-ce pas*, asks the examiner's opinion.

e Another excellent reply, taking the opportunity to talk about the past and to say what you did yesterday evening (*hier soir*).

B Foundation/Higher

◆ First cover up the answers on the right. Look at and listen to the questions. When you are sure you understand them, look at the answers and listen to them.

Questions

1 Tu quittes la maison à quelle heure d'habitude pour venir à l'école?

2 Tu aimes l'école?

3 Que fais-tu pendant la pause de midi?

4 Que fais-tu quand tu n'es pas au collège?

5 Et tu apprends le français depuis combien de temps?

6 Qu'est-ce que tu espères faire l'année prochaine?

Model answers

D'habitude je pars <u>à huit heures</u>. Mais aujourd'hui j'ai quitté la maison à <u>neuf heures moins vingt</u>.**ᵃ**

Alors, moi je trouve que mon collège est <u>bien</u> parce que la plupart des <u>professeurs</u> sont <u>gentils</u>.**ᵇ**

D'habitude, je <u>bavarde</u> avec mes copains. Mais hier, j'ai révisé pour mes examens. Demain je vais <u>jouer au tennis</u>.**ᶜ**

J'aime beaucoup écouter de la musique. Le week-end dernier, par exemple, je suis allé(e) à un concert et ce soir je vais aller au club de jazz. C'est super, le jazz.**ᵈ**

Depuis presque <u>cinq</u> ans. J'ai toujours été fort(e) en français et j'aime bien ça. Si j'ai de bons résultats aux examens, je ferai du français l'année prochaine.**ᵉ**

Eh bien, si j'ai de bons résultats aux examens, <u>j'irai au lycée</u>. Je ferai sans doute <u>anglais</u>, <u>français</u>, et <u>sciences économiques</u>.**ᶠ**

a An excellent answer, using *d'habitude* with a reference to the present, and *aujourd'hui* with a reference to the past.

b A good opinion, introduced very well with *je trouve que* and justified very well with *parce que*.

c A really good answer! It uses *d'habitude* with a reference to the present, *hier* with a reference to the past and *demain* with a reference to the future.

d This answer has everything the examiners are looking for. It begins with a reference to the present, including an opinion. Then *le week-end*

dernier, par exemple introduces a reference to the past and *ce soir* introduces a reference to the future. It finishes with another opinion.

e As well as referring to past and future, this answer shows initiative by saying more about French than was asked for. It's a good idea to take over the conversation whenever you can and to show the examiner some of the other things you have learnt to say.

f This contains excellent references to the future and, again, goes beyond a minimum answer.

C Higher

Questions	Model answers

Questions

1 Que penses-tu de l'uniforme obligatoire au collège?

2 Tu t'es plu au collège?

3 Qu'est-ce que tu espères faire dans la vie?

4 Y a-t-il une matière que tu n'aimes pas?

5 À part le français, tu as étudié d'autres langues?

Model answers

Alors, je dois dire que je suis plutôt <u>contre</u> l'uniforme.**a** Après le collège, <u>je ne porterai jamais un autre uniforme</u>.**b** À mon avis, les uniformes , c'est bête et c'est très <u>laid</u>.**c**

Oui, la plupart du temps, c'était bien. J'ai surtout aimé <u>le français</u> et <u>l'anglais</u>. Quand j'étais en troisième, j'aimais tout. Mais maintenant, je n'aime pas <u>l'histoire</u>.**d**

Eh bien, si je réussis aux examens dans deux ans, j'irai à <u>l'université</u>, parce que j'espère être <u>professeur</u>.**e**

Oui, bien sûr. Je déteste <u>l'histoire</u> parce que j'ai toujours eu de mauvaises notes. Et je n'aime pas beaucoup <u>les sciences</u> parce que je trouve ça <u>difficile</u> et <u>ennuyeux</u>.**f**

Non, mais j'aimerais beaucoup apprendre <u>l'italien</u>.**g** On dit que**h** c'est une belle langue et si je parlais <u>italien</u> je voyagerais sans problèmes en <u>Italie</u>. Et j'adore <u>l'Italie</u>!

If you have no special interest in foreign languages, you could say:

Non, je n'ai étudié que le français parce que les langues étrangères ne m'intéressent pas beaucoup. Si j'ai de bons résultats aux examens, l'année prochaine j'étudierai <u>les sciences</u> et <u>les maths</u>.

Another possible answer would be:

Oui, j'ai aussi étudié <u>l'allemand/l'espagnol</u>. Je l'étudie depuis presque <u>trois</u> ans maintenant. C'est une langue assez <u>facile et j'aime beaucoup ça</u>. Si j'ai de bons résultats aux examens, l'année prochaine j'étudierai <u>le français, l'allemand/ l'espagnol</u> et <u>l'anglais</u>.

a *Je dois dire que* (I must say that) and *plutôt* (rather) make this an excellent sentence.

b A good reference to the future.

c A good opinion, well introduced by *à mon avis*.

d Some excellent references to the past, worth learning by heart. Also, a good reference to the present, introduced by *mais*.

e Excellent references to the future and well worth learning by heart to use in your speaking and writing tests.

f Two good opinions, both well justified with *parce que*.

g An excellent use of the technique *non ... mais ...* . When you have to answer a question with *non*, always try to go on and say *mais* and something positive.

h *On dit que* is an excellent phrase to learn and to use to introduce an idea or opinion.

2 Home life

Rôle-play

A Foundation

> Use the English instructions and the visuals to help you to prepare. In rôle-plays, you have only to communicate the key messages, so keep what you say simple. Give yourself two minutes to prepare and to look up in a dictionary any words you need. Here are a few tips:
>
> Nos. 1 and 2: The **?** next to these pictures shows that you must ask a question.
> No. 3: Think of the simplest way you can to say that you don't have a towel.
> No. 4: What will you say to your friend for giving you a towel?
>
> Remember that this rôle is with a friend, so you must use *tu* when you speak to him or her. Watch out for this in your exam.
>
> As usual, your teacher starts the rôle-play, so listen and wait for your cue to speak.
>
> Study the solution and notes. When you understand it all, listen to the recording and repeat after, with and without the speakers (see page 61 *How to learn the model answers*). When you are confident with both parts, move on to the Foundation/Higher rôle-play (**B**).

CHEZ MOI

You have just arrived at a friend's house in France. You ask where your room is and if you may take a shower. You have forgotten to bring a towel. Remember to say please and thank you when appropriate.

Your teacher will play the part of your friend and will speak first.

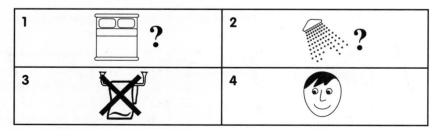

(Solution: page 127)

B Foundation/Higher

◖◗ You have two minutes to prepare this rôle-play. Use the English instructions and the pictures. Try to manage without a dictionary, but you probably have time to look up a couple of words if you need to.

No. 1: The instructions make clear what you need to ask.

No. 2: The **!** means that you have to answer a question. Try to think what your friend might ask you when you talk about breakfast.

No. 3: The oblique line **/** means that you have a choice in the question you ask: bath or shower?

No. 4: There are two oblique lines, so choose any one of the three things.

◖◗ After two minutes, listen to the recording of the examiner's rôle and play your part in the pauses. Then check with the solution. Make sure that you can get all your responses right. Finally, work on the recording of the full rôle-play and learn your part by heart.

EN FAMILLE

It is your first night staying with your penfriend. Before going to bed, you want to find out about breakfast time and to have a shower or bath. Remember to reply to your penfriend's questions. The examiner will begin the conversation.

(Solution: page 127 🔲)

Conversation

◖◗ Here are the sorts of questions you may be asked in your exam. Study the questions and make sure you understand them. Many people do badly simply because they don't understand the questions.

◖◗ Practise answering the questions with the book and cassette. It also helps to work with a partner, if you can, taking turns to ask and answer the questions until you are both word perfect (see page 61 *How to learn the model answers*).

A Foundation

◖◗ Keep your answers simple, but don't be afraid to take the initiative. You could ask a question yourself, for example.

Questions	**Model answers**
1 Où habites-tu?	J'habite à <u>quinze</u> minutes <u>à pied</u> du collège.^{**a**}
2 Tu peux me décrire ta maison?	Ma maison est assez <u>petite</u>.^{**b**} Il y a <u>trois</u> chambres. Nous avons <u>un garage</u> et <u>un jardin</u>.^{**c**}
3 Qu'est-ce que tu fais pour aider à la maison?	Je <u>passe l'aspirateur</u>. Hier, j'ai <u>fait la vaisselle</u>.^{**d**} Et le week-end prochain, je vais <u>faire du jardinage</u> avec <u>mon père</u>.^{**e**}
4 Qu'est-ce que tu n'aimes pas faire pour aider à la maison?	Alors, je n'aime pas <u>faire la vaisselle</u>. Et je déteste <u>ranger ma chambre</u>.^{**f**} Et vous?
5 À quelle heure d'habitude est-ce qu'on prend le petit déjeuner chez toi?	Généralement, on prend le petit déjeuner vers <u>sept</u> heures. Mais le week-end, on prend le petit déjeuner plus tard, vers <u>neuf</u> heures.^{**g**}

a You can vary this reply in many ways, e.g. *J'habite à dix/vingt/trente minutes à vélo/ en autobus/en voiture du collège.*

b The use of *assez* is good. You could also say *Ma maison est assez grande*.

c A very good reply, giving several pieces of information and containing a good range of language: *Ma maison est ...* , *Il y a ...* , *Nous avons ...* . Always try to give two or three pieces of information.

d Good marks here for referring to the past, with *hier, j'ai ...*

e Good marks for referring to the future with *le week-end prochain, je vais ...*

f This will impress. It adds a second example and uses another verb: *je déteste*.

g Another excellent reply, using *mais* to introduce a second piece of information.

B Foundation/Higher

❏ Remember that you are taking part in a conversation, so don't always wait for your teacher to ask questions. Try to take the conversation off in directions you want to talk about. This is how to show the examiner more of the French you have learnt.

Questions	Model answers
1 Tu peux épeler le nom de la rue où tu habites?	Oui, ma rue s'appelle <u>Kent Street</u>. Ça s'écrit <u>K-E-N-T</u>.
2 C'est près du centre-ville?	Non, mais c'est assez près <u>du collège</u>.**a** Et il y a <u>des magasins</u> tout près. C'est très pratique et j'aime beaucoup le quartier.**b**
3 Tu habites là depuis combien de temps?	Depuis <u>deux</u> ans. Avant, j'habitais <u>dans le nord</u> et j'allais à un autre collège.**c** J'aime mieux habiter ici parce que c'est plus <u>intéressant</u>.**d**
4 Tu peux me parler un peu de ta chambre?	Eh bien… Je partage ma chambre avec <u>mon frère</u>. La chambre est assez grande. Il y a deux lits, <u>une armoire</u>, <u>une table</u> et deux <u>chaises</u>. Nous avons des posters sur les murs. Les murs sont <u>bleus</u> et les rideaux sont <u>rouges</u>.**e** Je n'aime pas partager avec <u>mon frère</u> parce qu'il est <u>égoïste</u>.**f**
5 Généralement, qui fait le ménage, chez toi?	Alors, généralement, c'est ma mère et mon père qui font le ménage. Mais je les aide parfois. Par exemple, j'ai <u>fait les courses</u> le week-end dernier. Et ce soir, je vais <u>mettre la table</u>.**g**

a A good example of *Non, mais …* as a way of steering the conversation to say what you want to say.

b A good opinion, well justified.

c A very good sentence, with two references to the past linked with *et*.

d Another well justified opinion.

e Several good pieces of information – not just a minimum which would not impress – and a good range of language: *il y a*, *nous avons*, *sont*.

f Another high scoring opinion and justification.

g Excellent! The *par exemple* introduces a reference to the past and one to the future – just what the examiner wants to hear.

C Higher

◘ Remember that you must refer to past, present and future, so take advantage of every opportunity to do this. You must also express, and justify, some opinions.

◘ Try to show that you can develop the conversation, using, e.g. *Oui ... et/mais ...   Par exemple ...*

◘ Once you are confident that you can understand all the questions, look at the model answers. When you have read and understood them, listen to the cassette and repeat them. Adapt the answers to say what **you** want to say and write your answers, then ask your teacher to correct them. Write a perfect copy and learn it. Practise saying your answers by playing the cassette again, pausing after each question.

Questions

1 Tu aimes vivre là où tu vis maintenant?

2 Parle-moi un peu de ta maison idéale.

3 Quelles sont les différences entre les maisons ici et les maisons en France?

4 Si tu pouvais choisir, où vivrais-tu? Ici ou en France?

Model answers

Eh bien... ce n'est pas mal, mais j'aimerais mieux[a] vivre <u>au bord de la mer</u>. L'année dernière, j'ai passé mes vacances <u>au bord de la mer</u> et c'était super.[b] C'est plus beau et c'est plus intéressant <u>au bord de la mer</u>, n'est-ce pas?[c]

Alors, ma maison idéale serait <u>au bord de la mer</u>. Elle serait très grande, avec <u>dix</u> chambres. J'aurais un énorme[d] jardin et un garage pour <u>cinq</u> voitures. J'ai déjà vu cette maison quand j'étais en vacances. Elle était magnifique.

Euh... je ne suis jamais allé(e) en France mais[e] j'ai vu beaucoup de photos de maisons françaises et j'ai lu des renseignements sur elles. D'après ce que j'ai lu[f], presque toutes les maisons en France <u>ont une cave</u> alors que[g] les maisons ici <u>n'en ont pas</u>. Et il paraît[h] que beaucoup de Français habitent <u>dans des appartements</u>. J'aimerais beaucoup aller en France un jour parce que je voudrais voir des maisons françaises.[i]

Ah, c'est une question difficile! Puisque je ne suis jamais allé(e) en France, je ne sais pas. <u>Cet été</u>, je vais passer mes vacances en France. Après être allé(e)[j] en France, je pourrai donner une meilleure réponse à cette question. Mais j'aime bien vivre ici parce que <u>tous mes amis sont ici</u> et <u>la ville n'est pas trop ennuyeuse!</u>

a *J'aimerais mieux* (I'd prefer) is a very useful phrase for earning marks when speaking and writing.

b A good opinion, referring to the past, which is very well justified by the next sentence.

c *N'est-ce pas* (Isn't it?) can be added to most opinions and is an excellent way to invite the other person to speak.

d As a change from *très grand* the word *énorme* will attract bonus marks.

e An excellent sentence, because the *mais* introduces some interesting information.

f This phrase will always earn very good marks and can be adapted to many situations, e.g. *D'après ce que j'ai vu/entendu...* (According to what I've seen/heard...).

g A very useful expression in discussions: *alors que* (whereas, while).

h *Il paraît que* (it appears that) can often gain you high marks.

i A sentence which is sure to score well: an opinion with a justification introduced by *parce que*.

j Try to use a variation of this phrase every time you speak and write. Variants on it include: *Après avoir quitté/visité/vu/lu/entendu/ mangé ...* (After having left/visited/seen/read/heard/eaten ...).

3 Health and fitness

Rôle-play

A Foundation

◖◗ Give yourself two minutes to read and prepare. Use the English and French instructions as well as the visuals. Your aim is to communicate your messages as simply as possible.

◖◗ When you have prepared what you expect to hear and what to say, study the model and notes. Make sure that you understand it all and then listen to it on the cassette and repeat it in order to learn it. Then move on to the Foundation/Higher rôle-play (**B**).

ÇA VA?

Rôle-play

You are staying with your pen-friend and you don't feel well.

Your teacher will play the part of your pen-friend and will start the conversation.

1 Répondez:

2 Expliquez:

3 Répondez:

4 Expliquez ce que vous allez faire:

Model answers

Professeur:	Tu es chez ta correspondante ou ton correspondant, et tu te sens malade. Je joue le rôle de ton amie. C'est à moi de commencer. Bonjour. Ça va?
Vous:	**Non, je me sens malade.**[a]
Professeur:	Ah, non!
Vous:	**J'ai de la fièvre.**[b]
Professeur:	Je t'apporte quelque chose?
Vous:	**Je voudrais du thé, s'il te plaît.**[c]
Professeur:	Bien sûr.
Vous:	**Et je vais rester au lit.**[d]
Professeur:	D'accord.

© Northern Examinations & Assessment Board

As usual, your teacher starts the rôle-play, so listen carefully for your cue.

a More simply you could say, also for full marks, *Je suis malade* or *Non, ça ne va pas*. Use the French you feel most confident with.

b You should learn by heart *j'ai de la fièvre* (I've got a temperature). It's something examiners often ask you to say.

c For full marks here, you could simply say *Un thé/un café, s'il te plaît*.

d Another way of scoring full marks here would be to say *Je vais me coucher* (I'm going to go to bed).

It would be a good idea to note, and learn, the words which you often need in exams: *malade* (ill); *j'ai de la fièvre* (I've got a temperature); *je vais rester* (I'm going to stay).

B Foundation/Higher

◆ Prepare for this in just two minutes, including any time you need with a dictionary. Use all the instructions and visuals to help you. Note that you will be speaking to a doctor, so be ready to use *vous*. Here are some tips:

No. 1: The English introduction tells you how to do this.
No. 2: Use the picture.
No. 3: Think what doctors usually ask when you say you are ill.
No. 4: You have a choice about how to answer this question.

◆ When you are ready, listen to the cassette and say your part in the pauses. Then look at the solution and check that you can get all the answers right. Finally, work with the recording of the full rôle-play and learn your part. If possible, you could then act this out with a partner, playing each rôle in turn, until you are both word perfect.

CHEZ LE MÉDECIN

You have been ill for three days while on holiday. You go to see a doctor. Your teacher will play the part of the doctor and will start the conversation. Begin by greeting the doctor and explain that you are British and on holiday.

1 Expliquez qui vous êtes.

2 Expliquez ce qui ne va pas.

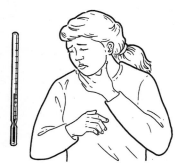

3 Répondez.

4 Répondez.

(Solution: page 128)

4 Food

Rôle-play

◖ Choose **A** and **B** if you are aiming for a Grade C, or **B** and **C** if you are aiming for a Grade A* to C.

A Foundation

◖ Start by looking at the rôle-play, picture by picture, to be sure you know what to do.

No. 1:   You need to ask for the *80 francs menu* in the picture.

No. 2:   The **?** next to the picture shows that you must ask a question about what is in the picture. Here, you could ask if there is any soup or you could ask what sort of soup it is.

Nos. 3 & 4:   Order what is in the pictures, so you ask for **three** things.

No. 5:   Ask for some water or a bottle of water.

◖ Now you know what to do, you have two minutes to prepare, using the dictionary if you need to. You don't have time to look up many words, so keep it as simple as possible. For example, in No. 2 you could look up the word for 'soup' and, in No. 3 the word for 'chicken'.

◖ Study the solution and notes. Then listen to it on the cassette, repeating after, with and without the speakers (see page 61 *How to learn the model answers*). Note that, as is explained in the instructions, the teacher will start, so you can wait for your cue from the teacher.

AU RESTAURANT

Situation You are ordering a meal in France.

Your teacher will play the part of the waiter/waitress and will start the conversation.

© MEG Specimen Papers 1997/8

B Foundation/Higher

◖ You have two minutes to prepare this rôle-play. The English instructions make it quite clear what you will need to do. Try not to use a dictionary, but you probably have time to look up a few words if you need to.

No. 1: The English instructions tell you to ask for a table. The picture shows that you want a table for two.

No. 2: The exclamation mark ! means that you should expect a question from the examiner. Think of the sort of thing a waiter would ask after you have asked for a table.

No. 3: The English instructions tell you to ask for the menu. The picture reminds you of this.

No. 4: This picture reminds you of the English instructions: you order a meal. Ask for something to eat and drink.

◖ When you are ready, play the cassette and say your part in the pauses. Then look at the solution and make sure your answers are right. Finally, work on the full recording and learn your part.

AU RESTAURANT

You are in a restaurant in Dieppe with a friend. You ask for a table, the menu and then order a meal. Remember to reply to the waiter or waitress's questions. The examiner will begin the conversation.

© London Examinations, a division of Edexcel Foundation 1996

(Solution: page 129 📼)

C Higher

◖ Give yourself two minutes to prepare. Use the restaurant's publicity and also the three points next to it which show you the sorts of things the examiner will ask about. A key word here is *fête*: make sure you understand it and think of one or two examples of *fêtes*. Think, too, of how to explain that your friend is vegetarian and what you can order for him.

◖ Remember that rôle-plays are conversations. You must listen and respond to what the examiner says. And be prepared for the unexpected. When something you have not prepared for comes up, just stay calm. You can give yourself time to think by saying such things as, e.g. *Euh … Eh bien … Eh bien, alors …*

◖ When you are ready, play the cassette and act your part in the pauses. Then check the solution. Listen to the full recording, repeat it and learn it.

POUR TOUTES VOS FÊTES

You are celebrating a special occasion with friends and have booked a table in a restaurant. One of your friends is a vegetarian. You arrive at the restaurant and are greeted by the waiter/waitress. You answer his/her questions and order your meal. The examiner will begin the conversation.

POUR TOUTES VOS FÊTES	
LA TABLE D'OR	■ **Réservation**
MENU DE FÊTES à 90F	■ **Quelle fête**
Steak – Agneau – Poulet	■ **Repas**

© London Examinations, a division of Edexcel Foundation 1996

(Solution: page 129 🔲)

Conversation

◖ In the conversation, your teacher will ask a series of questions. Try not to rely on these questions to keep the conversation going: ask questions of your own to show some initiative.

◖ You can't prepare for the conversation on the day of the exam, as you won't know what the topics are. The important thing is to practise a lot in the year leading up to the exam. You will find some popular exam questions for this topic on the next page. Practise answering them before you look at the solutions.

◖ When you have finished, look at the solutions. Listen to the cassette and repeat the answers after, with and then without the model (see page 61 *How to learn the model answers*). Try to learn them. To help you, think of as many ways as possible of replacing the words which are underlined. Then play the cassette again, pausing after each question and answering without looking at your book.

A Foundation

1 Qu'est-ce que tu aimes boire?

2 Quel est ton plat préféré?

3 Qu'est-ce que tu prends pour le petit déjeuner?

4 Où manges-tu d'habitude, à midi?

5 Tu aimes ça?

B Foundation/Higher

> ◘ Remember that you must refer to the past, present and future, and express some opinions, to achieve a Grade C. Always be on the look-out for the chance to say such things as:
> *La semaine dernière, par exemple, j'ai ...*
> *Samedi prochain, par exemple, je vais ...*
> *À mon avis ...*

1 Tu es déjà allé(e) en France?

2 Tu as déjà mangé dans un restaurant français?

3 Qu'est-ce que tu vas manger, ce soir?

4 Tu peux me décrire ton repas idéal?

5 Le Yorkshire pudding, qu'est-ce que c'est exactement?

C Higher

> ◘ To earn good marks here, you must refer to past, present and future, and express and justify your personal opinions. You need to take the initiative whenever you can and to develop the conversation: don't just give short answers to your teacher's questions. Remember to try out techniques such as:
> *Non ... mais ...   Par exemple ...   Parce que ...*

1 Si je t'offrais des cuisses de grenouille, que dirais-tu?

2 Quels plats aimes-tu préparer toi-même?

3 Peux-tu me dire ce qu'il faut faire pour mettre la table?

4 Si tu recevais chez toi un visiteur français, qu'est-ce que tu lui ferais à manger?

5 Quel est ton restaurant préféré?

(Solutions: pages 131–132 🔊)

B Personal and Social Life

1 Self, family and friends

Conversation

◘ People often talk about themselves, their families and their friends, in real life and in exams. You can learn now how to hold an interesting conversation on this important topic.

◘ First of all, study the questions. Make sure that you understand them. Then practise listening to them to be sure that you recognise each question as soon as you hear it. Listen as many times as you need to until you can hear and understand every question without delay.

◘ Then work on the model answers which follow, using the book and the cassette (see page 61 *How to learn the model answers*). Notice how the same questions feature at both levels but that they can be answered in different ways. Your aim is to have an excellent answer for each question. By changing the words underlined, you can adapt the answers to suit yourself.

Questions

1 Parle-moi un peu de ta famille.

2 Tu as des frères et soeurs?

3 Tu as un animal préféré?

4 Et quelle est la date de ton anniversaire?

A Foundation

Model answers

1 Parle-moi un peu de ta famille.
  Eh bien, j'habite avec <u>ma mère et mon beau-père</u>.

2 Tu as des frères et soeurs?
  <u>Non, je suis enfant unique.</u> Mais <u>j'ai un chat qui est très drôle</u>.

3 Tu as un animal préféré?
  Oui, mon animal préféré, c'est <u>le chat</u>. Les <u>chats</u> sont vraiment <u>formidables</u>.

4 Et quelle est la date de ton anniversaire?
  Mon anniversaire, c'est le <u>sept novembre</u>.

B Higher

Model answers

1 Parle-moi un peu de ta famille.

Eh bien, j'habite avec mon père et ma belle-mère. Ma belle-mère s'appelle Julie et je m'entends bien avec elle parce qu'elle est très gentille. Mon père est grand et amusant.

2 Tu as des frères et soeurs?

Non, je suis enfant unique. Mais j'ai un chien qui est très drôle. Il est noir et grand et il mange tout le temps. Ce matin, par exemple, il a mangé le petit déjeuner de mon père quand mon père ne regardait pas.

3 Tu as un animal préféré?

Oui, mon animal préféré, c'est le chien. Les chiens sont vraiment formidables. Un jour, j'espère avoir plusieurs chiens. Ce sera fantastique!

4 Et quelle est la date de ton anniversaire?

Mon anniversaire, c'est le onze janvier. J'aurai bientôt dix-sept ans et ça me fait plaisir parce que, à dix-sept ans, on peut être plus libre. Par exemple, quand j'aurai dix-sept ans et demi, j'aurai le droit de conduire.

2 Free time, holidays and special occasions

It is very important to remember that most of the French you have learnt to write can also be used when you speak. The French you use in letters can also be used in conversations. If you can, look at pages 74–75, 84–85 and 100–102 of *Revise for French GCSE: Reading and Writing* to look at the language for this topic.

Conversation

> ◖ Think how you could use the language you know to answer the questions below. Then listen to the cassette and you will hear some model answers. To help you to learn them, listen and write the answers. Listen as many times as you need to. Then check your answers with the solutions and practise saying them (see page 61 *How to learn the model answers*).

A Foundation

1 Quand tu ne travailles pas, qu'est-ce que tu aimes faire?

2 Tu reçois combien d'argent de poche?

3 Comment le dépenses-tu?

4 Tu fais des économies?

5 Tu travailles pour gagner de l'argent?

B Foundation/Higher

1 Qu'est-ce que tu as fait, le week-end dernier?

2 Que vas-tu faire, après les examens?

3 Où vas-tu passer tes vacances, cet été?

4 Avec qui préfères-tu sortir?

C Higher

1 Si tu allais en France, qu'est-ce que tu aimerais faire?

2 Quel est ton passe-temps préféré?

3 À ton avis, tu reçois assez d'argent de poche?

4 Parle-moi un peu d'un film que tu as vu récemment.

(Solutions: pages 132–133)

3 Leisure and entertainment
Rôle-play

◘ First, study the relevant model rôle-play, with your responses
included. To help you to learn your responses you could:
- Read them silently and aloud.
- Listen to the recording once, then listen again and repeat.
- Look at a question, cover up the answer and try to say
the answer.
- Listen to a question and say the answer before listening
to it on the cassette.
- Listen once more and practise saying all the alternatives
suggested in the notes.

A Foundation

You are at home, with a French friend, talking about what to do. You
say that there is a cinema and a swimming pool and that you like
swimming a lot. Ask what your friend wants to do tomorrow.

Your teacher will play the part of your friend and will start the
conversation.

Rôle-play

Model answers

Professeur:	Tu es chez toi. Moi, je suis un visiteur français.
	Qu'est-ce qu'il y a à faire en ville?

1

Vous:	**Il y a un cinéma et une piscine.**
Professeur:	Tu vas souvent à la piscine?

2

Vous:	**Oui, j'aime beaucoup nager.ᵃ**
Professeur:	Moi aussi.

3 (Demain?)

Vous:	**Qu'est-ce que tu veux faire demain?ᵇ**
Professeur:	Je voudrais bien faire un tour de la ville.

Key words and phrases
une piscine (a swimming pool);
j'aime beaucoup nager (I really
like swimming); *je voudrais bien*
(I'd really like).

a You could say *Oui, j'aime beaucoup me baigner.*
(Yes, I like to swim.)

b Here you could also say *Qu'est-ce que tu voudrais
faire demain?* (What would you like to do
tomorrow?)

B Higher

You are staying with a friend in France. You discuss what you can do tonight. You would like to go to the cinema and you ask for a newspaper to find out what's on. You will need to find out what your friend can recommend.

Rôle-play

1

2

3

Model answers

Professeur: Nous sommes chez moi.

Qu'est-ce qu'on fait, ce soir?

Vous: **Je voudrais bien aller au cinéma. Tu aimes quelle sorte de films?**

Professeur: J'aime beaucoup les films d'aventures. Et toi, qu'est-ce que tu aimes et qu'est-ce que tu n'aimes pas?

Vous: **Alors, j'aime bien les films de science-fiction et les films d'aventures.ᵃ Où est le journal? On va voir ce qu'il y a.ᵇ**

Professeur: Le voici.

Vous: **Alors, qu'est-ce que tu recommandes? ᶜ**

Professeur: Bof! 'Le Fantôme' peut-être.

Key words and phrases
J'aime bien les films de science-fiction (or two other sorts of film that you like); *le journal* (the newspaper); *on va voir* (we'll see).

a Other types of film include: *les films d'épouvante* (horror films), *les films d'amour* (love films), *les films comiques* (comedy films), *les films policiers* (cops and robbers films).

b *Ce qu'il y a* (what's on) is an excellent phrase and will impress the examiner. You could also say *On va voir quels films on joue* (We'll see which films are on).

c You could also say here *qu'est-ce que tu peux recommander?* (what can you recommend?)

PRACTISING UNDER EXAM CONDITIONS

Rôle-play

◻ When you have learnt the model rôle-play, work on one of
those below. Do this as if you were in the exam:
  – Give yourself just two minutes to prepare.
  – Listen to the cassette and play your part in the pauses.

A Foundation

You are in a café with a French friend, discussing plans for the evening.
You ask your friend what she's doing this evening, you suggest going
to the cinema and ask what time the film starts. Your teacher will
introduce the rôle-play.

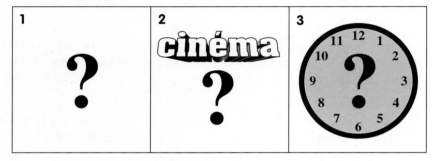

© Language Teaching Centre, The University of York 1996

(Solution: page 133 ▭)

B Higher

Situation: Vous téléphonez à un(e) ami(e).
Votre professeur joue le rôle de votre ami(e) et commence
la conversation.
Expliquez et répondez!

1 Nom?
Proposez: cinéma
             quand?

2 Film: – préférences/type?

3 Choisissez un film – pourquoi ce film?

4 On se voit où? À quelle heure?

© Language Teaching Centre, The University of York 1996

(Solution: page 133 ▭)

C The **world around** us

1 Home town, local environment and customs

Conversation

◆ In the conversation part of your exam, your teacher will ask you questions which will help you to show how good you are. Your teacher will do everything possible to get you to make references to past, present and future events and to express your personal opinions. Listen out for the questions which give you a clue for these things – but always be on the look-out to do it anyway.

◆ To help you to see how the system works, look at the notes with the questions below and prepare your answers. The notes will help you to see how you can use your answers to show what you know. If you are aiming at Grades A*–C, work on all the questions.

◆ When you have thought about your answers, listen to the cassette. To help you to learn them, you could:
1 Listen to them several times and look at them in the solutions.
2 Repeat them, first with the solutions and then without looking at them.
3 Listen to the answers and write them down.
4 Adapt them to match your town, region and opinions.

A Foundation

1 Parle-moi un peu de la ville où tu habites.
(This is a very open question and gives you the chance to say anything you know, e.g. where it is, what there is to see and do there, what you think of it.)

2 Et qu'est-ce qu'il y a à faire ici, pour les jeunes?
(This offers an excellent opportunity to say what there is, what you did last weekend for example, what you are going to do next Saturday and to express an opinion.)

3 Pour aller en ville de chez toi, tu prends le bus?
(A good chance here to say what you usually do and what you did last Sunday.)

4 Et quel temps fait-il ici, en hiver?
(Another excellent opportunity to say what usually happens and compare it with what happened last year.)

5 Alors, tu aimes habiter ici?
(Another chance to show that you can express an opinion and also a good chance to ask what your teacher thinks.)

(Solution: page 134)

B Higher

1 Depuis combien de temps habites-tu ici?

(This allows you to use *depuis* in your answer. Take the opportunity to say if you lived anywhere before and also to express an opinion.)

2 Si tu gagnais à la Loterie Nationale, où aimerais-tu vivre?

(You can now refer to the future and express more opinions.)

3 À ton avis, que devrait-on faire pour développer le tourisme dans notre région?

(Try here to refer to past, present and future.)

4 Pourrais-tu décrire une ville en France?

(You can talk about a town you've visited or read about.)

5 Et sais-tu quel temps on prévoit pour demain?

(Now you can refer to the future and express more opinions.)

(Solution: page 134)

2 Finding the way

Rôle-play

> ◖ When marking your rôle-plays, the examiner will give you full marks if each message is conveyed, even if you make some mistakes. The main thing to concentrate on is to get the message across so that a French-speaker can understand it.
>
> ◖ Look at **both** the rôle-plays which follow and prepare to act them out. You have three minutes to prepare them.
>
> ◖ Then listen to the cassette and play your rôle in the pauses. Remember to speak clearly and to get your messages across. If you are not satisfied with your first performance, do it a second time and try to improve. Then listen to the full version. Listen to it several times (first as you look at the solution and then without it) and write a note of anything you wish you had said. When you think you are ready to play these rôles perfectly, you could:
>
> – play them again, pausing in the middle of the answers and trying to complete them before playing on and listening;
> – pause before each of the answers and try to say it before listening to it again.

A Foundation

You want to catch a train in France. You stop someone and ask where the railway station is, if it is far, and if there is a bus. And remember to say thank you!

Your teacher will play the part of the passerby. You will need to use **vous** when speaking to an adult passerby.

(Solution: page 135)

B Foundation/Higher

In your home town, a French person stops you and asks you the way. Give them directions.

Your teacher will play the part of the French person and will start. Remember to use **vous** when you speak.

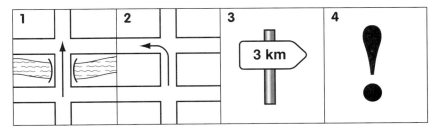

(Solution: page 135)

3 Shopping
Rôle-play

◖ Choose **A** and **B** if you are aiming for a Grade C, or **B** and **C**
if you are aiming for a Grade A* to C. Give yourself four
minutes to prepare the two rôles, using a dictionary if you
need to check on a few words. Remember only to look up
words if absolutely necessary:

A and **B**:   You can choose two things to buy, so ask for
things that you already know.

C: You can choose what the present is and what is
wrong with it, as well as suggesting the solution,
so base your preparation on what you know.

◖ If you feel confident, listen to the cassette and act your rôles
in the pauses. Then look at the solutions and listen to the
complete conversations. Use the solutions and the recordings
to help you to learn your part.

A Foundation

AU MARCHÉ

You are at the market and need to buy two items from those
given below. Remember to greet the stall holder and end the
conversation politely.

(Solution: page 136 ▭)

B Foundation/Higher

You are at a grocer's on a campsite to buy food for a picnic. Your teacher will play the part of the grocer and will start the conversation.

1 Vous voulez des fruits: expliquez quel fruit vous désirez.

2 Répondez à la question et choisissez encore quelque chose à manger pour le pique-nique.

3 Choisissez quelque chose à boire.

4 Payez et répondez à la question.

© Northern Examinations & Assessment Board 1996

(Solution: page 136 📼)

C Higher

You are on holiday in France and have bought a present from Nouvelles Galeries, a big department store. When you get back to your hotel you discover that something is wrong with it. You decide to take it back in order to change it. The examiner will begin the conversation.

Nouvelles Galeries

AV. CHARLES DE GAULLE

FERMÉ LE LUNDI

Heures d'ouverture 8.30 à 20h

■ **Objet acheté**
■ **Problème**
■ **Solution**

© London Examinations, a division of Edexcel Foundation 1996

(Solution: page 136 📼)

4 Public services

Rôle-play

◖ About half the marks in your speaking exam go to the two rôle-plays, so it is worth practising to get them right. Choose two rôle-plays (**A** and **B**, or **B** and **C**) and give yourself three minutes to prepare them.

◖ To prepare for the Higher rôle-play (**C**), think about what you would have to say in this situation and what questions you would have to answer.

◖ If you feel confident, act out your rôle in the pauses with the recording of the teacher's part. Then use the solution and the full recording to learn your part. Finally, try to work with a partner and take turns to act the different parts.

A Foundation

You go to the post office. You want to know how much it costs to send a letter to Italy. You apologise for having no change and ask where the letter box is.

Vous êtes à la poste. Votre professeur commence!

1 **FF?**

2 Vous regrettez …

3 Où?

© Language Teaching Centre, The University of York 1996

(Solution: page 137)

B Foundation/Higher

You are in a bank. You want to change a traveller's cheque. Your examiner will play the part of the bank clerk. You speak first.

1 Saluez l'examinateur/ l'examinatrice.

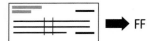 ➡ FF

2

3 **FF?**

4

5 Finissez poliment la conversation.

© SEG Specimen Papers1997/8

(Solution: page 137)

C Higher

Vous êtes au bureau des objets trouvés – vous avez perdu une valise dans le bus.

Votre professeur commence le conversation!

Expliquez et répondez.

A-t-on trouvé votre valise?

© Language Teaching Centre, The University of York 1996

(Solution: page 138)

5 Getting around

Rôle-play

❏ Choose two of the rôle-plays (**A** and **B**, or **B** and **C**) and give yourself three minutes to prepare them.

❏ Remember that at Higher Tier you will always have something unexpected to cope with. Usually, this will be the sort of thing that happens in those situations in real life. So, with practice, you can learn how to prepare for this. Think of some of the things that may happen and prepare to cope.

❏ If you feel confident, listen to the cassette and play your rôle, saying your lines in the pauses. Then use the solutions and the full recording to learn your part by heart. Try to work with a partner and take turns to act both rôles.

A Foundation

You are at the railway station. You want to know at what time the train leaves for Calais, to buy a return ticket and to ask which platform the train leaves from.

Votre professeur commence!

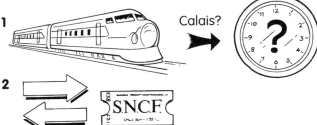

1 Calais?

2 S.N.C.F.

3 Quai?

© Language Teaching Centre, The University of York 1996

(Solution: page 138)

B Foundation/Higher

À LA GARE ROUTIÈRE

It is the end of your holiday in Paris and you have to get to Calais to catch the ferry. You go to the bus station to find out if there is a bus, what time it leaves and if you need to book. Remember to reply to the employee's question.

The Examiner will begin the conversation.

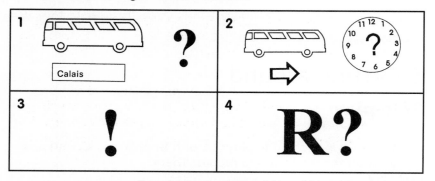

© London Examinations, a division of Edexcel Foundation 1996

(Solution: page 139)

C Higher

You are at a service station, buying fuel for your family car. Your teacher will play the part of the attendant and will start the conversation.

Dites ce que vous voulez, et répondez.

Posez la question.

(Solution: page 139)

D The **world** of **work**

1 Education and training

Conversation

> ▶ Begin by studying the questions below. Make sure you can easily understand them all when you hear them. You can do this by reading them and then listening to them several times on the cassette.
>
> ▶ When you are confident that you can understand them as soon as you hear them, look at the model answers which follow. Change the words underlined to give the answers **you** want to give.

Questions

1 Qu'est-ce que tu vas faire, après les examens?

2 Qu'est-ce que tu veux faire plus tard?

3 Pourquoi veux-tu faire cela?

4 Comment as-tu trouvé ton collège?

Model answers

1 Qu'est-ce que tu vas faire, après les examens?
Après les examens, j'espère <u>aller au lycée</u>.
(You could also say, for example: *j'espère rester au collège; j'espère trouver un emploi; j'espère commencer à préparer mon bac, je vais faire anglais, français et allemand.*)

2 Qu'est-ce que tu veux faire plus tard?
Je voudrais <u>aller à l'université pour étudier la physique</u>.
(You could also say, for example: *Je voudrais travailler dans une banque; Je voudrais être médecin/professeur, etc; Je voudrais aller à l'université pour étudier la médecine/l'anglais, etc.*)

3 Pourquoi veux-tu faire cela?
Parce que <u>je voudrais être dentiste</u>.
(You could also say, for example: *Je voudrais travailler dans un magasin, c'est quelque chose qui m'intéresse beaucoup.*)

4 Comment as-tu trouvé ton collège?
La plupart du temps, c'était bien. J'ai surtout aimé <u>l'histoire</u>.
(Say your own favourite subject, e.g. *la géographie, l'informatique, les maths.*)

> ▶ Now listen to a very good candidate answering these questions and try to base your answers on his. Then play the cassette of the questions again and practise giving your answers in the pauses.

(Solution: page 140)

2 Careers and employment

Rôle-play

◘ Study this rôle-play. Give yourself three minutes to prepare it. Then look at the model answers below and listen to them on the casssette to see how it could be done. To learn it, follow the steps on page 61 (*How to learn the model answers*).

Foundation/Higher

L'INTERVIEW

Situation You want to work in a café in Calais. You go to a café where a job has been advertised.
Your teacher will play the part of the café owner who is interviewing you for the job. S/he will start the conversation.

1 Présentez-vous, et dites pourquoi vous êtes là.

2 Donnez votre âge et votre nationalité.

3 Donnez des détails de votre expérience de travail.
(Où avez-vous travaillé? Quand?)

4 Répondez à la question du patron/de la patronne.

5 Dites quand vous pourrez commencer à travailler.

© MEG Specimen Papers 1997/8

Model answers

Vous voulez travailler dans un café à Calais. Vous vous présentez dans un café où on demande un(e) employé(e).

Professeur: Bonjour, mademoiselle.
Vous: **Bonjour, monsieur. Je viens en réponse à votre petite annonce. Je m'appelle Anne Clark et je voudrais bien travailler ici.**
Professeur: Et quel âge avez-vous? De quelle nationalité êtes-vous?
Vous: **J'ai seize ans et je suis britannique.[a]**
Professeur: Et voulez-vous me dire quelle expérience vous avez du travail?
Vous: **J'ai déjà travaillé comme serveuse dans un restaurant en Angleterre, l'été dernier.[b]**
Professeur: D'accord. Et vous allez rester à Calais pour combien de temps?
Vous: **J'espère passer tout l'été ici, si je trouve un emploi.[c]**
Professeur: Et quand pouvez-vous commencer à travailler?
Vous: **Demain matin, si vous voulez.[d]**
Professeur: Bon, j'ai d'autres candidats à voir. Je vous téléphonerai ce soir. Merci.

a You could say here: *anglais(e), gallois(e), écossais(e), irlandais(e).*

b Other possibilities here are: *J'ai déjà travaillé dans la cuisine d'un restaurant au Pays de Galles; Je n'ai pas encore travaillé dans un restaurant, mais je voudrais bien le faire.*

c Or you could say *Je vais rester à Calais jusqu'à la fin août.*

d Another good answer here would be: *Je peux commencer tout de suite* (I can start immediately).

Conversation

◖ In your exam, you will take part in just one conversation, with your teacher. Your teacher will begin with some fairly easy questions and gradually move to questions which give you a chance to show just how much you know. Take every opportunity you can to express opinions and to refer to past, present and future, so that you can earn top marks.

◖ Give yourself two minutes to study the questions below. Make sure that you understand them all. Look out for opportunities to give answers which express opinions and which refer to past, present and future. Say as much as you can and try to avoid long pauses.

A Foundation

Tu travailles pour gagner de l'argent?

Où est-ce que tu travailles?

Quand travailles-tu?

Qu'est-ce que tu fais exactement?

Tu travailles combien d'heures par semaine?

Tu gagnes combien?

Que fais-tu de l'argent que tu gagnes?

Tu aimes ton travail? Pourquoi?

B Higher

As for Foundation, plus:

Depuis combien de temps travailles-tu?

Que penses-tu de ton travail?

Comment as-tu trouvé cet emploi?

Quels sont les avantages et les inconvénients de ton emploi?

Qu'est-ce que tu veux faire dans la vie?

Tu aimerais travailler à l'étranger? Pourquoi?

Que ferais-tu si tu ne trouvais pas un emploi?

◖ Now look on the next page at some possible answers to these questions, forming a conversation. **This is not on the cassette**. Learn any of the answers which you could use in an exam to talk about yourself. Then adapt the others so that you could use them. Ask your teacher to correct your answers, then learn and practise them on your own and with a friend.

Tu travailles pour gagner de l'argent?
Oui, je travaille pour avoir un peu d'argent à dépenser. J'aime ça.

Où est-ce que tu travailles?
Je travaille dans un supermarché en ville.

Quand travailles-tu?
Alors, je travaille le samedi et le dimanche. Mais le week-end dernier, je n'ai pas travaillé. J'ai révisé pour cet examen.

Qu'est-ce que tu fais exactement?
Oh, ça dépend. La semaine dernière, par exemple, j'ai rangé les rayons.

Tu travailles combien d'heures par semaine?
Eh bien, en général, je travaille six heures par jour. C'est beaucoup!

Tu gagnes combien?
Pas assez! Trois livres de l'heure.

Que fais-tu de l'argent que tu gagnes?
Je fais des économies pour aller en vacances avec mes copains. Cet été, on va aller en Espagne. Ce sera super!

Tu aimes ton travail?
Non, pas vraiment.

Pourquoi?
Parce que c'est ennuyeux. Et ce n'est pas bien payé. Après les examens, je vais chercher quelque chose de plus intéressant.

Depuis combien de temps travailles-tu?
Depuis un an. J'ai commencé en juillet dernier.

Que penses-tu de ton travail?
Eh bien, je ne l'aime pas beaucoup. Je le trouve dur et ennuyeux. Et ce n'est pas bien payé.

Comment as-tu trouvé cet emploi?
J'ai téléphoné au directeur pour demander s'il avait quelque chose.

Quels sont les avantages et les inconvénients de ton emploi?
L'avantage c'est que je gagne un peu d'argent et que je pourrai partir en vacances avec mes copains. L'inconvénient principal, c'est que je perds tous mes week-ends.

Qu'est-ce que tu veux faire dans la vie?
Alors, je ne sais pas exactement encore. Je sais que j'espère aller à l'université. Je voudrais étudier l'anglais. Ça m'intéresse beaucoup.

Tu aimerais travailler à l'étranger?
Oui, j'aimerais bien travailler à l'étranger un jour.

Pourquoi?
Eh bien, j'aimerais bien voir d'autres pays. Je voudrais surtout aller en France, à Paris, par exemple. J'aime beaucoup Paris, c'est une ville magnifique.

Que ferais-tu si tu ne trouvais pas un emploi?
Alors, je ferais ce que j'ai déjà fait. Je téléphonerais au directeur d'un supermarché pour demander s'il avait quelque chose pour moi!

◖◗ Before leaving this, look again at the conversation and try to work out why the candidate scored top marks.

1 Find three opinions which are justified.
2 Find three references to the past.
3 Find three references to the present.
4 Find three references to the future.

The solutions are on page 140.

PRACTISING UNDER EXAM CONDITIONS

◖◗ When you feel confident with rôle-play and conversation on careers and employment, work on those below. Give yourself five minutes to prepare.

◖◗ Then look at the solutions and listen to them on the cassette. To learn them, you could follow the steps given on page 80.

◖◗ Remember, to impress the examiner try to say some interesting things and to be as fluent as possible. Sound as French as you can. Listening to the cassette will help with this.

Rôle-play

Foundation/Higher

You are in an employment agency because you are looking for a job in France during the summer holidays. You have chosen a job and now you have an interview.

(Solution: page 141 📼)

ON RECHERCHE

Au pair – garçon ou fille
Juillet et août. Âge 16 à 19 ans
3 enfants 8, 4, 2 ans

© MEG Specimen Papers 1997/8

Conversation

A Foundation

1 Quand quittez-vous le collège?

2 Quand est-ce que vous pourrez commencer à travailler?

3 Quels sont vos passe-temps?

B Higher

1 Avez-vous un emploi en ce moment?
   Si oui, depuis combien de temps travaillez-vous?

2 Êtes-vous déjà allé(e) en France?

3 Quand? Pour combien de temps? Avec qui?

4 Que ferez-vous après le collège?

© MEG Specimen Papers 1997/8

(Solutions: pages 141–142 📼)

3 Communication

Rôle-play

◆ Give yourself two minutes to prepare this rôle-play. You can prepare in advance your answers to Nos. 1–4 but not to No. 5. Remember that you don't have to tell the truth in your oral; if you prefer, you can use your imagination. This gives you the chance to say interesting things that you have learnt to say and which you know will score high marks.

Foundation/Higher

L'ÉCOLE DE LANGUES

Situation You want to take some French lessons in France. You telephone a language school.

Your teacher will play the part of the employee at the language school and will start the conversation.

1 Saluez l'employé(e) et dites pourquoi vous téléphonez.

2 Donnez votre nom et votre numéro de téléphone chez vous en Angleterre.

3 Dites quand vous arriverez en France.

4 Dites combien de temps vous voulez passer à l'école.

5 Répondez à la question de l'employé(e).

© MEG Specimen Papers 1997/8

(Solution: page 142 ▧)

◆ Now listen to the cassette and say your answers in the pauses. Then look at the solution and use the model answers to improve your own. Play the cassette again and say your responses: make them as good as those in the solution and try to sound French. That's how to score top marks.

E The **international world**

1 Life in other countries and communities

Rôle-play

▷ Give yourself two minutes to prepare this rôle-play. Then look at the solution and listen to it on the cassette. To learn your responses you could follow the steps on page 61 (*How to learn the model answers*).

Foundation/Higher

AU BUREAU DE CHANGE

You are at the bureau de change and you want to change £30 cash into francs. You would like some 5 franc coins.

1 Répondez à la question de l'employé(e).

2 Répondez à la question de l'employé(e).

3 Dites que vous voulez:

4 Acceptez ce que l'employé(e) offre et remerciez-le(la).

(Solution: page 143 📼)

Conversation

Higher

◖ Look at the questions and answers below. When you think you have learned the answers, cover them up and try to answer the questions, then check. You can also listen to the questions on the cassette, pause it and say your answers before continuing.

◖ The model answers may not be true for you. You can change them to describe your breakfast and favourite dish, or you can learn the answers here and use them: in your exam, you can say what you are confident you will get good marks for.

Questions

Vous prenez le petit déjeuner à quelle heure?
(A chance here to express an opinion.)

Et que prenez-vous, d'habitude?
(You can refer here to *d'habitude* and to *ce matin*.)

Vous avez un plat préféré?
(A chance here to express an opinion.)

Le Yorkshire pudding, qu'est-ce que c'est?
(Explain fully: what it is, when you eat it, the ingredients and how you cook it.)

Vous avez déjà mangé des escargots?
(A chance here to refer to past, present and future and to express an opinion.)

Model answers

Chez nous, on prend le petit déjeuner vers sept heures et demie. C'est mon repas favori.

D'habitude, je mange des céréales et du pain grillé et je bois du jus d'orange. Ce matin il n'y avait pas de jus d'orange, alors j'ai bu du thé.

Oui, j'aime beaucoup le boeuf rôti avec du Yorkshire pudding. C'est délicieux.

Alors, c'est un plat typique de chez nous. C'est une sorte de crêpe et ça se mange avec du boeuf. On le fait avec de la farine, du lait, des oeufs et du sel. On le fait cuire dans un four très chaud.

Non, je n'ai jamais mangé d'escargots, mais je voudrais bien essayer. J'aime beaucoup les plats français et je suis toujours prêt(e) à essayer quelque chose de nouveau.

2 Tourism

Rôle-play

Higher

◖ If you take the MEG exam, you will have to do a rôle-play like this in the Higher Tier. You can prepare it in advance and use a dictionary if you need to, but you must also be ready to answer any questions and to respond to any comments made by your teacher.

◖ Give yourself five minutes to prepare, and try to include preparation for the questions and comments from your teacher. To get the best marks, you need to:
  – talk about all the main points and to use your imagination to say more than the basic facts;
  – avoid long pauses and speak confidently;
  – refer to past, present and future;
  – express and explain personal ideas.

◖ To learn how to do this, just listen to the cassette and follow it in the solution. Use the advice on page 80 to learn how to do it yourself.

Situation The notes and pictures below give an outline of a day on a camping holiday in Belgium.

Tell the Examiner what happened. You need not mention every detail but you must cover the whole day's events.

Be prepared to respond to any questions or comments from the Examiner.

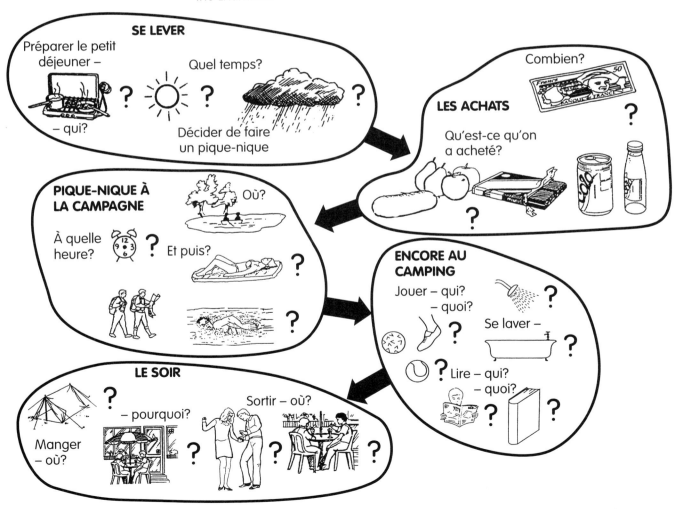

Conversation

Foundation and Foundation/Higher

> ◆ Work on these questions and answers along the lines
> suggested on page 61 (*How to learn the model answers*).

Questions	Model answers
Où êtes-vous allé(e) en vacances récemment? (A chance to refer to the past and to express an opinion.)	Je suis allé(e) au bord de la mer avec ma famille. On a passé une semaine dans un camping. C'était super!
Parlez-moi de ces vacances. (More references to the past and more opinions.)	Alors, j'ai joué au football sur la plage, j'ai nagé et je suis allé(e) au cinéma. Il a fait beau et c'était sensass!
Vous avez fait des excursions? (You can refer to the past and the future here.)	Oui, nous avons visité un vieux château. C'était magnifique. Je n'oublierai jamais ce château.
Qu'est-ce que vous avez fait à Pâques? (More references to the past and a justified opinion.)	À Pâques, j'ai révisé. C'était assez ennuyeux mais c'était nécessaire parce que les examens sont importants.
Que pensez-vous des vacances en famille? (A chance for opinions and references to the future.)	Les vacances en famille, c'est bien quand on est jeune. Mais, après les examens, je vais en vacances avec mes copains. Ce sera fantastique!
Qu'est-ce que vous pouvez recommander comme excursions dans votre région? (Here you can refer to the present and express and explain an opinion.)	Eh bien, il n'y a rien ici pour les jeunes, à part la mer qui n'est pas très loin. Je recommande une journée au bord de la mer. Là, on peut s'amuser!

© Northern Examinations & Assessment Board 1996

3 Accommodation

Rôle-play

A Foundation

> ◆ Give yourself two minutes to prepare this rôle-play, covering
> up the model on the right. Then look at the model to check
> that what you prepared was on the right lines. Follow the steps
> on page 61 (*How to learn the model answers*) to learn it so that
> you'll be ready if something like it comes up in your exam.

Rôle-play

À l'hôtel

Candidate's Instructions

Model answers

1 Saluez l'examinateur/ l'examinatrice.

Professeur: Bonjour, mademoiselle.
Vous: **Bonjour, madame.**

2

Vous: **Je voudrais une chambre pour deux nuits.**
Professeur: Certainement, mademoiselle. Avec douche ou avec bain?

3

Vous: **Avec douche, s'il vous plaît.**
Professeur: Bien.

4 FF?

Vous: **C'est combien, s'il vous plaît?**
Professeur: Deux cents francs par nuit.

5 Finissez poliment la conversation.

Vous: **Très bien, madame. Merci beaucoup.**

B Foundation/Higher

> Use the techniques you have learnt earlier to prepare this rôle-play in two minutes. Here are some tips:
> No. 1: The English introduction tells you why you are telephoning the hotel.
> No. 2: You decide in your preparation how many people there are and how many rooms you want.
> No. 3: You can try to guess some of the things you may be asked and prepare answers. Think what a hotel receptionist may ask about the rooms you want.
> No. 4: Again, you have the power to decide on, and to prepare, this answer.
> No. 5: Prepare this in advance: you should find it easy.

À l'hôtel

Situation You are in France with your family. You telephone a hotel to reserve rooms for your family.

Your teacher will play the part of the hotel employee and will start the conversation.

1 Dites qui vous êtes et dites pourquoi vous téléphonez.

2 Expliquez combien de chambres vous voulez et pour combien de personnes.

3 Répondez à la question de l'employé(e).

4 Dites quand vous arriverez à l'hôtel (jour et heure).

5 Comment s'écrit votre nom de famille? Épelez votre nom pour l'employé(e) puis remerciez l'employé(e).

◘ Now cover up the model answers below and say your responses to the questions. Then look at, listen to and learn, the answers. Work with a friend, and take turns to ask and answer the questions, without looking at the answers.

Professeur: Vous êtes en France avec votre famille. Vous téléphonez à un hôtel pour réserver des chambres pour votre famille. Moi, je suis l'employé(e).

Questions

Allô. Hôtel du Parc. Je peux vous aider?

Alors, vous voulez combien de chambres et pour combien de personnes?

Très bien, alors vous voulez les chambres avec douche ou avec salle de bains? Et pour combien de nuits?

Quand est-ce que vous arriverez à l'hôtel?

Très bien. Alors, comment s'écrit votre nom de famille, s'il vous plaît?

Model answers

Bonjour, madame. Je m'appelle Monsieur Preston et je voudrais réserver des chambres.

Nous sommes quatre personnes et je voudrais réserver deux chambres.

Alors, je voudrais des chambres avec douche, et c'est pour deux nuits.

Lundi prochain, vers dix-huit heures.

Ça s'écrit: P-R-E-S-T-O-N. Et merci beaucoup, madame.

Key words and phrases
Je voudrais (réserver) une chambre; avec douche; avec salle de bains; c'est pour deux nuits; lundi prochain, vers dix-huit heures; une chambre pour une personne (deux personnes).

C Higher

◘ Give yourself just two minutes to prepare this rôle-play. Try to anticipate what the receptionist will ask: the previous rôle-play should help with this. You should also expect some problems. Try to anticipate what these may be and to prepare your responses. An important thing to remember with this sort of rôle-play is that it gives you a lot of power - you can take over the conversation from the beginning and say everything you have prepared.

◘ Then, if you feel confident, listen to the cassette and say your responses in the pauses.

Your teacher will play the part of the receptionist and will start the conversation.

You arrive at an hotel. It is quite late, you haven't booked and you haven't eaten. You need something to eat and somewhere to sleep.

4 The wider world

Conversation

◖◗ This is a topic which will only come up at Higher Tier in your speaking exam. If you are entered for Higher Tier, you need to prepare to discuss environmental issues which interest you and to talk about any part of France you know about.

◖◗ As usual, you have the power to direct a conversation along the lines which suit you, so that you can say what you know you can say confidently and well. And, once you start to talk on a topic you have prepared for, keep on talking and say what you know – you don't have to wait for your teacher to ask questions.

◖◗ Study this example. Then, if you like it, you can learn it. If not, you can change it: write out what you want to say, ask your teacher to correct it and then learn it and practise it.

Questions	Model answers
Tu t'intéresses à l'environnement?	Je suis passionné(e) par l'environnement. À mon avis, tout le monde devrait lutter contre la pollution de notre planète. Et il faut, tout de suite, protéger les animaux en danger.
Et que fais-tu personnellement pour l'environnement?	Eh bien, chez nous, on fait recycler nos bouteilles et nos journaux.
D'accord. Et de quoi as-tu peur?	Alors, les centrales nucléaires me font peur. Il y a toujours le risque d'un accident et cela serait affreux, n'est-ce pas?
Oui, c'est vrai. Alors, es-tu déjà allé(e) en France?	Non, je ne suis jamais allé(e) en France. Mais j'apprends le français depuis cinq ans et j'ai beaucoup appris sur la France.
Et qu'est-ce que tu as appris?	J'ai appris que la France est un beau pays avec des plages, des rivières et des montagnes magnifiques. Je sais aussi qu'il y a de très belles villes, comme Paris. J'aimerais beaucoup visiter Paris et voir tous les monuments célèbres, surtout le musée du Louvre.
	Or, if you have been to France:
	Oui, j'ai passé mes vacances en France, l'année dernière. J'ai passé quinze jours chez ma correspondante qui habite dans une petite ville dans le sud-est de la France. C'est une petite ville tranquille. Les gens jouent aux boules sous les arbres sur la place. Mais le gouvernement veut construire une autoroute autour de la ville et les habitants trouvent ça inadmissible.
Et qu'en penses-tu?	À mon avis, ce n'est pas la peine de protester. Le gouvernement va certainement construire l'autoroute. C'est dommage.

Presentation
Foundation and Higher

Some Exam Boards require you to give a short oral presentation. This is on a topic which you choose, and you can prepare in advance exactly what to say. You should talk for about three minutes, and you can use pictures or photos to illustrate what you say. Find out if you will have to do this. If so, you could choose holidays as your topic and base your presentation on this model. This will help to get your conversation off to a really confident start.

Préparez une présentation de 3 à 4 minutes où vous parlez des voyages ou des vacances. Par exemple, vous pouvez raconter un voyage que vous avez fait, seul(e), avec votre famille, ou peut-être en voyage scolaire.

Des questions pour vous guider à préparer un bon récit:

1   Où êtes-vous allé(e)? (en France, peut-être?)

2   Quand? (l'été dernier? l'hiver dernier? quel mois?)

3   Comment? (en car? en avion? en train? en voiture? à pied?)

4   Avec qui? (des amis? la famille? le collège?)

5   Où avez-vous logé? (dans un hôtel? chez des amis? dans un appartement?)

6   Quel temps a-t-il-fait?

7   Qu'est-ce que vous avez vu? (des visites?)

8   Qu'est-ce que vous avez fait? (quelles activités?)

© SEG Specimen Papers 1997/8

One thing you could do is to present orally something you have learnt to write (see, for example, pages 77–78 of *Revise for French GCSE: Reading and Writing*). Or you could prepare something new, using the questions above to guide you. This could produce a presentation like the one on the next page.

Introduction

Je voudrais parler des vacances que j'ai passées en France, l'été dernier.
J'ai passé quinze jours merveilleux en France et je n'oublierai jamais
ces vacances.

Où êtes-vous allé(e)?
Quand?

Je suis allé(e) en Bretagne, au mois d'août. J'y suis
allé(e) en auto, avec ma famille, et nous avons pris le
bateau pour traverser la Manche. Heureusement, il a
fait très beau et le voyage s'est passé sans problème.

Où avez-vous logé?

Nous avons loué un gîte au bord de la mer. C'était
une petite maison avec une piscine et un jardin. Il y
avait de tout: un frigo, une machine à laver et une
télévision. J'ai beaucoup aimé cette maison, et
j'aimerais bien avoir une maison comme ça un jour.

Quel temps
a-t-il fait?

Il a fait beau presque tout le temps. Nous avons fait
des excursions intéressantes. Nous avons visité de
beaux châteaux et des musées intéressants. Et nous
avons vu de belles villes et de jolis petits ports. La
Bretagne est magnifique et on peut y passer des
vacances sensass. Les plages sont vraiment
excellentes.

Qu'est-ce que vous avez vu?

Qu'est-ce que vous avez fait?

Nous avons joué, nous avons fait des promenades et
nous avons nagé dans notre piscine. Je voudrais bien
retourner en Bretagne l'année prochaine. Mais il faut
que je travaille pour gagner beaucoup d'argent, car
la France est un pays où tout coûte assez cher.

If you decide to base your presentation on this model, add some
ideas of your own and ask your teacher to check that the
French is good. Then learn it by heart. Get to the point where
you can cover it up and use only the pictures and questions on
the left to remind you what to say. Listen lots of times to the
cassette. When you feel ready, stop the cassette from time to
time and try to say from memory what comes next. Carry on
for as long as you can.

In your exam, you can use some pictures to help to remind you
what to say, and a few written notes. So, for this presentation,
you could have some small cards like the following:

Card 1:

Où êtes-vous
allé? Quand?

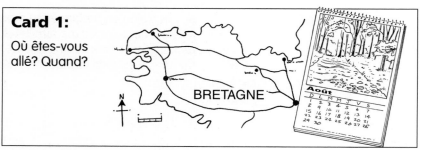

Card 2:

Avec qui? Comment?

Card 3:

Où avez-vous
logé?

Card 4:

Quel temps a-t-il fait?
Qu'est-ce que vous avez vu?

Card 5:

Qu'est-ce que
vous avez fait?

Solutions: Listening

Part 1

1

1   *9h: français; 11h: anglais*   [2]

2   B (*l'informatique* = computer studies) [1]

2

1   A   [1]

2   **a**   B   [1]
     b   *Parce qu'elle peut **acheter des
             cassettes en ville**.*   [1]
     c   *Il est obligé de **laver la voiture**.*   [1]

3

A (*la tête* = head)   [1]

4

1   B (*du poulet-frites* = chicken and chips)
                                                                    [1]

2   12.00 (*à midi* = at 12 o'clock, midday) [1]

3   Jean: *(un) Orangina*   [1]
    (un) sandwich au jambon   [1]
    Marie-Laure: *(une) limonade*   [1]
    (une) glace au citron   [1]

4   52F   [1]

5   **a**   1 – B; 2 – F; 3 – A; 4 – C   [4]
     b   5 – C; 6 – E; 7 – B   [3]

5

1   **a**   C (*quatre personnes* = 4 people) [1]
     b   B (*au troisième étage* = on the
             3rd floor)   [1]

2   **a**   D (*belge* = Belgian)   [1]
     b   D (*le vingt juillet* = 20th July)   [1]

6

1   **a**   B (*la piscine* = the swimming pool)[1]
     b   C (*la discothèque* = the disco)   [1]

2   **a**   *Ils ont fait **un barbecue** sur
             la plage*.   [1]
     b   *Ils sont allés **au restaurant**.*   [1]

3   **a**   A – *Leblanc*; B – 22 (*ans*); C – *aime
             le cyclisme* (likes cycling)   [3]
     b   D – *Dupont*; E – 15 (*ans*); F – *est
             un peu timide* (is a little shy)   [3]

4   A (*la natation* = swimming)   [1]

5   A – swimming (*la natation*)   [1]
    B – chemistry (*la chimie*)   [1]

C – reading (*lire*)   [1]
D – art or drawing (*le dessin*)   [1]
E – going out with friends
    (*sortir avec mes amis*)   [1]
F – Spanish (*l'espagnol*)   [1]
G – fishing (*la pêche*)   [1]
H – computer studies
    (*l'informatique*)   [1]

7

1   A (*au tennis de table* =
    at table tennis)   [1]

2   **a**   B (*devant le buffet, à droite* =
             in front of the buffet, on the right) [1]
     b   10.30 (*à dix heures et demie*)   [1]

8

A – *une comédie*; B – *20h.10*;
C – (*un film*) *policier*; D – *19h.30*   [4]

9

I; A; G   [3]

10

1   **a**   C (*à droite* = to the right)   [1]
     b   B (*jardin public* = public park)   [1]

2   **a**   B (*vingt kilomètres*)
             = 20 kilometres)   [1]
     b   C (*en autobus* = by bus)   [1]

3   B (*tout droit et la deuxième à droite*
    = straight on and the second on
    the right)   [1]

11

1   B (*l'après-midi* = in the afternoon)   [1]

2   **a**   *7 francs 50*   [1]
     b   B   [1]
     c   C (*articles de plage* = things
             for the beach)   [1]

3   A and D (*un journal* = a newspaper;
    du chocolat = some chocolate)   [2]

4   **a**   (*le CD* = CD) – ami (*Pierre*)   [1]
     b   (*la cravate en soie* = silk tie) –
             frère (*Robert*)   [1]
     d   (*la confiture d'orange* =
             marmalade) – *moi*   [1]
     e   (*ce porte-clés* = this key-ring)
             – *père*   [1]
     h   (*bonbons de luxe* = luxury
             sweets) – *mère*   [1]

12
a A; b E; c C; d D   [4]

13
1 A (*en taxi*)   [1]

2 D (*le métro*)   [1]

3 A – *11h.50*; B – 12.00 (*midi*); C – *13h.20*;
   D – 160F (*francs*); E – 60F (*francs*)   [5]

4 C (*quatorze heures cinquante*
   = 14.50)   [1]

14
Amélie: D *garage*; E *adore les voitures*;
F *fatigant* (*salaire pas bon*)   [3]
Marc: G *journaliste*; H *aime les voyages*;
I *pas d'inconvénient*   [3]

15
a B (*boulanger* = baker)   [1]
b C (*infirmière* = nurse)   [1]

16
A – Reynaud; B – Marie; C – 16, rue de
la Poste; D – 02-68-37-42-59   [4]

17
31, 18, 9, 50, 2, 23   [6]

18
a C   [1]
b B   [1]

19
1 a D (*deux cent cinquante* = 250)   [1]
   b B (*pour une personne et avec
      douche* = for one person and
      with a shower)   [1]

2 a *Nous allons arriver à l'hôtel à
      cinq heures et demie.*   [1]
   b *L'hôtel se trouve à 200 (deux
      cents) mètres.*   [1]

Part 2

1
a B (*les courses* = shopping)   [1]
b *Parce qu'elle peut acheter des
   cassettes en ville.*   [1]
c *Il est obligé de laver la voiture.*   [1]
d *Parce qu'il fait froid.*   [1]
e *Parce que ses parents lui donnent
   de l'argent de poche.*   [1]
f *Ils n'aiment pas ranger leur chambre.*
                                                      [1]

2
1 – *près de la gare SNCF* (near the
    railway station)   [2]
2 – *60 francs*   [1]
3 – *oui*   [1]
4 – *poulet rôti* (roast chicken)   [2]
5 – *tous les jours* (every day)   [2]

3
Roger: A (*généreux* = generous)   [1]
Jacques: E (*impatient*)   [1]
Didier: B (*amusant* = amusing)   [1]

4
A – café; B – Philippe; C – Sylvie; D – taxi [4]

5
Le Midi (the south) – B (*ensoleillé* = sunny);
La région parisienne – F (*il pleut* = it's
raining); *La côte atlantique* (the Atlantic
coast) – D (*des vents forts* = strong winds);
Le sud-est – C (*une baisse de
températures* = a drop in temperatures) [4]

6
a D   [1]
b *Au pays de Galles* (in Wales)   [1]
c *Un groupe d'amis* (a group of friends) [1]
d Either: *des promenades à pied* (walks)
   Or: *des promenades à vélo* (bike rides) [1]
e Either: *Ce n'est pas cher* (it's not expensive)
   Or: *Elle ne gagne pas assez d'argent*
   (She doesn't earn enough money).   [1]
f Either: *Elle connaît déjà Londres* (She
   already knows London)
   Or: *Elle préfère la campagne à la ville*
   (She prefers the countryside to the town).
                                                      [1]

7
a *Musée*   [1]
b *Syndicat d'initiative*   [1]
c *Théâtre*   [1]

8
a She has to go to the doctor's.   [1]
b Butcher's: A – a chicken (*un poulet*)
               B – about 3 kilos   [1]
   Grocer's: C – beer
               D – 6 (half a dozen) bottles [1]
c 250 (*deux cent cinquante degrés*)   [1]
d Peel (*éplucher*) the potatoes   [1]

9
1 – C (crime); 2 – F (sport); 3 – B (road
traffic); 4 – A (quiz)   [4]

10

B – *infirmière*; C – *mécanicien*;
D – *professeur*; E – *vendeur*   [4]

11

a *dans restaurant*   [1]
b *1er juillet–31 août*   [1]
c 37   [1]
d Either: *logé*
   Or: *1.000 (mille) francs par semaine* [1]

12

a *Faux*   [1]
b *Vrai*   [1]
c *Faux*   [1]
d *Vrai*   [1]

Part 3

1

a A – *allemand*; B – *8 ans*; C – *anglais*;
   D – *5 ans*   [4]
b *anglais*   [1]
c Either: *plus utile (que l'allemand)*
   Or: *Elle est allée plusieurs fois en
        Angleterre.*
   Or: *Elle a plus souvent l'occasion de
        parler anglais.*   [1]

2

Either: *Nous avons des moniteurs qui
        parlent toutes les langues (chinois,
        japonais, anglais).*
Or: *Nous étions 10 moniteurs et j'étais
     le seul qui parlais anglais.*
Or: *Maintenant il y a (au moins) 150
     moniteurs (qui parlent anglais).*   [2]

3

A – *6 heures*; B – *café (noir)*; C – *gâteaux*;
D – *7 heures 30*; E – *écouter des disques*;
F – *7 heures*; G – *crêpes*; H – *jus d'orange*;
I – *sport*; J – *6 heures 30 (et demie)*;
K – *rien (ne prend pas de petit déjeuner)*;
L – *regarder la télé*; M – *lait*   [13]

4

5 a He was always tired.   [1]
        He couldn't walk up the stairs to his
        office (on the 3rd floor).   [1]
     b He saw a photo of himself with his
        daughter.   [1]
     c He ate more vegetables and fruit. [1]
        He ate less pastry and fatty foods
        (such as meat).   [1]

d Either: He joined a sports club.
   Or: He started to take some exercise. [1]
e There are machines which do everything
   and this has made people lazy.   [1]
f People used to go for walks, now
   they go for rides in the car.   [1]

5

a *Germinal*   [1]
b Film: *Le Masque*. It has the original
   sound track and French sub-titles.
   So you have to read all the time.   [1]
   Film: *Entretien avec un vampire*.
   Saw it last week.   [1]

6

A: *son beau-père* (stepfather); B: *son neveu*
(nephew); C: *sa voisine* (neighbour)   [3]

7

a Either: *Il n'y a guère de lieux de
           rencontre pour les jeunes.*
   Or: *À 17 heures, il faut rentrer.*
   Or: *La plupart vivent dans des villages
        (à dix kilomètres de là).*   [2]
b Marie: C; Pierre: D   [2]

8

a C   [1]
b Either: *Elle trouve la conversation très
           difficile.*
   Or: *Si elle est dans une nouvelle situation,
        elle a toujours des problèmes.*   [1]
c A   [1]
d *Il a perdu son emploi.*
   Or: *Il est au chômage.*
   Il se dispute avec sa femme.   [2]
e *Que c'était un pays triste/sans
   intérêt.*   [1]
f B   [1]

9

1 a Physical preparation: do exercises for
        a month before leaving.   [1]
        Choose and maintain equipment
        with care.   [1]
     b (i) On the 3rd day.   [1]
        (ii) Skiers think they are skiing
        better.   [1]
        (iii) If you feel tired, take a day
        (or half a day) off.   [1]
     c (i) Any three of:
        Protect their heads with a helmet. [1]
        Choose equipment for them
        very carefully.   [1]

Never let a child ski alone. [1]
Or with a friend of the same age. [1]
Make them always wear some sort of identification, such as a badge. [1]
(ii) Always ski with a group of people. [1]

You can help each other and you feel less alone. [1]

2 *Il y avait (seulement) 2 douches pour 30 personnes.* [1]
(Il n'y avait) pas d'eau chaude le soir. [1]

Either: *Les toilettes étaient sales.*
Or: *Il n'y avait pas de magasin.* [1]

10
1 a (i) C [1]
  (ii) A [1]
 b (i) A [1]
  (ii) C [1]
 c A – D; B – F; C – *On ne sait pas*; D – *On ne sait pas*; E – *On ne sait pas*; F – F [6]
 d (i) C [1]
  (ii) A [1]

2 Jérôme – D; Alain – E; Dominique – C [3]

11
a *Vrai* [1]
b *Faux* [1]
c *Faux* [1]

12
C; D; F [3]

13
1 A – *2 routiers légèrement blessés* [1]
B – no changes   C – no changes
D – *défaite* [1]
E – *Bordeaux* [1]

2 a A – Alain; B – Mme Duval; C – Alain; D – Mme Duval [4]
 b A – Marie; B – Mme Duval; C – Alain; D – Alain [4]

3 a E [1]
 b A [1]
 c *Une moto et un camion* [2]

4 a *Entre 7h.15 et 7h.30* [1]
 b *Il a oublié sa valise.* [1]
 c *(Il y avait) des embouteillages.* [1]
 d *Il tombe (il est tombé) en panne d'essence.* [1]

e B [1]
f *Mauvais (de la pluie, de la grêle).* [1]
g *Il a raté la sortie (de l'autoroute)/ Il a oublié de prendre la bonne sortie.* [1]
h D [1]
i A [1]

14
1 a A: *Avantage – on travaille en plein air/c'est (très) bon pour la santé.* [1]
 Inconvénient – il faut se lever de très bonne heure le matin. [1]
 B: *Avantage – les élèves sont généralement gentils.* [1]
 Inconvénient – (il y a) beaucoup de travail à faire le soir. [1]
 C: *Avantage – elle peut être à la maison quand les enfants rentrent du collège.* [1]
 Inconvénient – ennuyeux quelquefois/elle s'ennuie quelquefois. [1]
 b *Le facteur, parce qu'il a l'air plus heureux/plus enthousiaste.* [2]

2 a A – *Personne*; B – *Le garçon*; C – La fille; D – *Le garçon* [4]
 b *La fille: pour; Le garçon: pour* [2]

3 a *Dans une université anglaise/en Angleterre* [1]
 b *Le (fameux) service militaire* [1]
 c *En France ou en Angleterre* [1]
 d *N'importe quel âge* [1]
 e *Il n'aime pas le nord.* [1]
 f B [1]

4 a *Vrai* [1]
 b *Faux* [1]
 c *Vrai* [1]
 d *Faux* [1]
 e *Vrai* [1]
 f *Faux* [1]
 g *Vrai* [1]
 h *Faux* [1]

5 a *Parce qu'**on ne peut pas faire les deux choses en même temps.*** [1]
 b *Les autres pensent qu'à l'âge de trente ans, **tu es vieux.*** [1]
 *Noah pense qu'à l'âge de trente ans, **c'est le début de la vie.*** [1]
 c *Sa chanson est **affreuse.*** [1]

d *Parce qu'il a vécu 5 ans à
New York.* [1]
*Et parce que les meilleurs disques
sont en anglais.* [1]

6 A – *Oui*; B – *Oui*; C – *On ne sait pas*;
D – *Oui*; E – *Non* [5]

15
Entrée: 40 francs [1]
Pas d'alcool / Pas de bière [1]
Ouvert (aussi) le mercredi [1]

16
1 a D – *17h.25 → 17h.05* [1]
*rencontrer à la gare →
prendra un taxi* [1]
b B – *Dupont → le secrétaire
de Paul Dupont* [1]
D – *est à l'hôpital → n'est pas à
l'hôpital.* [1]
jeudi → le week-end [1]

2 a A [1]
b A [1]

17
A – *Un ananas assez gros* [1]
B – *Dix abricots* [1]
C – *Une livre ou une livre et
demie de cerises* [1]
D – *Un melon* [1]

18
1 Any six of the following:
Arrived at hotel at 3a.m. [1]
Plane (left) 4 hours late. [1]
Beach was on other side of main road. [1]
To get to beach, had to be there before
8a.m. and stay all day, because of
the traffic. [1]
No water in the rooms. [1]
Boss was not nice. [1]
Changed hotel/Moved to another hotel. [1]
Father's boss was ill and he had
to go home. [1]
Mother couldn't drive, so couldn't
do the trips they had planned. [1]
It was very expensive. [1]
She came home broke. [1]

2 a Rooms weren't ready (and beds not
made) when they arrived at the hotel. [1]
b Furious: she wanted to go to another
hotel. [1]
c They went to town and played on the
beach. Mother calmed down and rooms
were ready when they returned. [2]
d They went for a swim before
breakfast. [1]
e Very happy: the hotel manager
offered them an extra weekend at
half price. [2]

3 a *1 heure 40 (minutes)* [1]
b *Tous les jours/Quotidien* [1]
c *Le lendemain après-midi* [1]
d *7.750 (sept mille sept cent
cinquante) francs* [1]
e *Deux jeudis par mois.* [1]
f *Il est pratiquement impossible de
trouver une chambre au dernier
moment.* [1]
g *Des chambres d'hôte* [1]
h *Arrivez à l'heure/Réservez
une place.* [1]

19
1 a *(Dans les) 50 (cinquante) francs* [1]
b *Il n'y a pas de piscine (ici).* [1]
c Either: *Les enfants vont s'embêter.*
Or: *Il est tard.* [1]

2 2 – A; 3 – D; 4 – C [3]

20
Jean-Noël: A [1]
*Sports: sports de mer/sports
nautiques* [1]
Intérêt particulier: lire (bouquiner). [1]
Amélie: C [1]
Sports: cyclisme/VTT/vélo [1]
*Intérêt particulier: la terre/les
animaux/la nature/l'environnement* [1]

Listening transcript

Part 1

1

1 Euh … mardi matin … oui … euh, j'ai français, et puis j'ai géographie et anglais.

2 Comme passe-temps, je fais surtout du sport … j'aime assez le tennis, mais ce que je préfère, mon sport favori, quoi, c'est la natation. Je vais au collège de Fourat. Ma matière préférée, c'est l'informatique. Le soir, après les devoirs, j'aime bien lire. J'adore les bandes dessinées.

2

1 Alors, tu montes l'escalier, et ta chambre est à gauche, à côté de la salle de bains.

2 – Quel travail dois-tu faire pour aider tes parents?
– Je fais des courses pour aider mes parents. J'aime bien les faire parce que, normalement, je peux acheter des cassettes en ville. Qu'est-ce que tu es obligé de faire?
– Mes parents me demandent de laver la voiture. Je n'aime pas faire cela, surtout en hiver parce qu'il fait froid. Mais ça va quand même, parce que mes parents me donnent de l'argent de poche.

3

Oh, j'ai mal à la tête. Tu n'as pas d'aspirine?

4

1 Tous les samedis, on mange du poulet-frites.

2 On mange à midi, tous les jours.

3 – Louise, qu'est-ce que tu prends?
– Pour moi, un coca et une pizza.
– Et toi, Jean?
– Moi, je voudrais un Orangina et un sandwich au jambon.
– Toi aussi, Marie-Laure, tu veux un sandwich?
– Non, donne-moi une limonade et une glace au citron, s'il te plaît.

4 Bon, alors, ça fait cinquante-deux francs, s'il vous plaît.

5 **Exemple:** Je voudrais un chocolat chaud.

a 1 Monsieur, un coca cola, s'il vous plaît.
2 Monsieur, je voudrais une eau minérale.
3 – Vous désirez?
– Je voudrais un café, s'il vous plaît.
4 – Qu'est-ce que vous avez comme boissons fraîches?
– Limonade … et, bien sûr, Orangina.
– Alors, je prends une limonade, s'il vous plaît.

b 5 – Qu'est-ce que vous avez comme snacks?
– Poulet-frites, saucisses-frites.
– Je n'aime pas les saucisses … bon je prends un poulet-frites, s'il vous plaît.
6 – Oui, madame, un steak-frites?
– Non, je n'ai pas très faim. Je prendrai un hot-dog.
7 – Je voudrais quelque chose à manger.
– Oui, monsieur, qu'est-ce que vous prenez?
– Poisson-frites.
– Je regrette, monsieur, mais nous n'avons plus de poisson.
– Alors, saucisses-frites.
– D'accord, saucisses-frites.

Quelques mots français (*page 14*)

– 1 La radio.
– 2 Un accent.
– 3 Télévision.
– 4 Station.
– 5 Une brochure.
– 6 Le Portugal.
– 7 Novembre.
– 8 Un sandwich.
– 9 La France.
– 10 L'Italie.

5

1 **a** Dans ma famille, il y a quatre personnes.
b J'habite dans un appartement au troisième étage.

2 **a** Je suis belge. Je viens de Bruxelles.
b Je viens de fêter mes seize ans – le vingt juillet.

Quelques mots français *(page 16)*
– 1 Un barbecue.
– 2 Danser.
– 3 Difficile.
– 4 Préférer.
– 5 Les parents.
– 6 La discothèque.
– 7 Au restaurant.
– 8 Timide.
– 9 Le cyclisme.
– 10 Sportive.

6

1 a On s'est très bien amusé. Moi, c'est la piscine que j'ai préférée. Et toi?
  b Ah oui, la piscine, c'était génial! On y était presque toute la journée, et tous les jours. Mais moi, ce que j'ai préféré, c'était la discothèque du camping.

2 – Qu'est-ce qu'on s'est bien amusés le soir sur la plage quand on a fait un barbecue. Ça, c'était très bien.
 – Oh oui, on était tranquilles. Les parents au restaurant et nous sur la plage.
 – Ce soir-là, on a dansé sur la plage jusqu'à une heure du matin … on a dansé … on a mangé … ah, c'était bien.

3 Exemple: Alors, moi, c'est Nathalie, Nathalie Martin. J'ai quinze ans, et j'adore la natation.

  a Moi, je m'appelle Luc Leblanc. J'ai vingt-deux ans. Mon passe-temps préféré, c'est le cyclisme. Je me promène à vélo tous les week-ends.
  b Salut, je m'appelle Hélène Dupont. J'aurai bientôt seize ans. Je ne suis pas du tout sportive, et je suis un peu timide. Pour moi, c'est difficile de rencontrer des gens.

4 Comme passe-temps, je fais surtout du sport. J'aime assez le tennis, mais ce que je préfère, mon sport favori, quoi, c'est la natation. Je vais au collège de Fourat. Ma matière préférée, c'est l'informatique. Le soir, après les devoirs, j'aime bien lire: j'adore les bandes dessinées.

5 – Salut, ici c'est Géraldine. Mes passe-temps préférés sont la natation et la télévision. Ma matière préférée est la chimie.

 – Bonjour, je m'appelle Hervé. Moi, j'aime lire et écouter de la musique pop. Au collège, j'aime surtout le dessin.
 – Salut, je m'appelle Anne-Marie. J'aime sortir avec mes amis et faire du sport. Comme matière je préfère l'espagnol.
 – Bonjour, ici c'est Paul. Mes passe-temps préférés? J'aime aller à la pêche et jouer de la guitare. Au collège, c'est surtout l'informatique qui m'intéresse.

Quelques mots français *(page 18)*
– 1 Au cricket.
– 2 Au tennis.
– 3 Au football.
– 4 Au tennis de table.
– 5 À droite.
– 6 La sortie.
– 7 Le buffet.
– 8 Devant.

7

1 Alors, après le déjeuner nous allons jouer … euh … au tennis de table, si tu veux.

2 a Alors, on va se retrouver à la gare, devant le buffet, à droite.
  b Nous y serons à dix heures et demie.

8

Dans nos salles, ce soir, vous avez, à dix-neuf heures quinze, *Le Volcan*, un film d'aventures. Dans notre deuxième salle, à vingt heures dix, il y a *Mon père ce héros*, une comédie avec Gérard Depardieu. Dans la troisième salle, vous avez notre film policier, *Nestor Burma*, qui commence à dix-neuf heures trente.

Quelques mots français *(page 20)*
– 1 Fermé.
– 2 Son gymnase.
– 3 La peinture.
– 4 Son sauna.
– 5 Les plantes.
– 6 À l'extérieur.
– 7 Le soleil.
– 8 Vingtième.
– 9 Les skieurs.
– 10 Températures.

9

1 – Écoutez, je suis là pour une conférence, et j'avais l'intention d'en profiter pour essayer de me mettre en forme. Mon hôtel se vante de son sauna, son gymnase, etcetera. Malheureusement, en ce moment, tout est fermé pour travaux. Est-ce que vous pouvez me suggérer quelque chose en ville?

2 – Je m'intéresse beaucoup à la peinture, surtout la peinture du vingtième siècle. On m'a dit à mon hôtel qu'il y a une exposition des tableaux de Lowry cette semaine. Ça se passe où, s'il vous plaît?

3 – Je passe une semaine ici, et j'ai déjà visité tous les musées. Alors … euh … j'en ai assez de rester enfermé(e). Je voudrais passer quelques heures à l'extérieur, et il faut profiter d'une si belle journée, hein? C'est assez rare en Angleterre, n'est-ce pas? Alors, où puis-je aller? Est-ce qu'il y a un espace vert quelque part? Parce que moi, les arbres et les plantes, ça me passionne.

Quelques mots français *(page 21)*
– 1 À gauche.
– 2 Tout droit.
– 3 À droite.
– 4 En face du château.
– 5 En face du musée.
– 6 En face du jardin public.
– 7 En train.
– 8 À 15 kilomètres.
– 9 À 20 kilomètres.
– 10 En autobus.

10

1 – Excusez-moi, pour aller au musée, s'il vous plaît?
– C'est très facile. En sortant d'ici, vous tournez à droite. C'est à 100 mètres. C'est en face du jardin public.

2 – Est-ce qu'il y a un camping près d'ici?
– Oui, monsieur, à la Baule. C'est à 20 kilomètres d'ici.
– Mais je n'ai pas de voiture.
– On peut y aller en autobus, c'est le Numéro 13.

3 – Bon … euh … je pense que vous devez continuer tout droit, n'est-ce pas, chérie?
– Oui, c'est ça. Continuez tout droit et puis prenez la deuxième à droite.

11
1
Exemple: – Madame, s'il vous plaît, à quelle heure ouvre la piscine le samedi?

– À 9h.
– Est-ce qu'on peut visiter le château, ce matin?
– Non, monsieur, c'est ouvert seulement l'après-midi.

2 a Offre spéciale sur le sucre: sept francs cinquante le kilo! Sucre en poudre, sept francs cinquante le kilo.
b Cette semaine, promotion au rayon charcuterie. Jambon blanc, pâté, rillettes.
c Profitez de nos promotions sur les affaires d'été! Maillots de bain, lunettes de soleil, crème solaire, parasols! Réductions jusqu'à quarante pour cent.

3 – Monsieur, pourrais-je avoir un journal et du chocolat?
– Oui, monsieur, un journal et du chocolat.

4 – Laisse-moi te montrer les cadeaux souvenirs que j'ai achetés lors de ma visite en Angleterre. D'abord, ce très joli porte-clés, c'est pour mon père. Il va le trouver très utile sans doute. Pour ma mère, j'ai choisi, bien entendu, des bonbons de luxe. La cravate en soie? C'est pour mon frère Robert. Il est assez difficile, mais je suis sûr qu'il va l'aimer. Le CD, c'est pour Pierre, mon ami du collège, qui joue de la guitare. Et la confiture d'orange anglaise, c'est pour moi. J'en ai pris l'habitude là-bas.

Quelques mots français *(page 23)*
– 1 Mal à la tête.
– 2 Une carte postale.
– 3 Le train.
– 4 Changer.
– 5 De l'argent.
– 6 À vélo.

- 7 Le métro.
- 8 En taxi.
- 9 En autobus.
- 10 En voiture.

12
Exemple: Je voudrais une baguette et un croissant, s'il vous plaît.

1 C'est combien pour envoyer une carte postale en Angleterre?
2 À quelle heure part le prochain train pour Lille?
3 J'ai mal à la tête, pouvez-vous me donner quelque chose?
4 Je voudrais changer de l'argent, je n'ai pas d'argent français.

13
1 Ensuite, nous allons rentrer à la maison en taxi.
2 Oui, mademoiselle, vous voulez aller à l'hôtel Fiat près de Notre-Dame. Prenez donc le métro. Oui, à cette heure, le métro est plus pratique que l'autobus.
3 Voici les instructions pour votre voyage Lyon – Nice. Vous commencez à 10h 10. Donc, départ de Lyon: 10h 10; arrivée à Marseille: 11h 50; départ Marseille: midi; arrivée Nice: 13h 20. Votre billet aller-simple vous coûtera 160F; mais en paiement d'un supplément de 60F vous pouvez voyager en première.
4 Le prochain train pour Lannion part à quatorze heures cinquante.

14
Exemple: Qu'est-ce que tu voudrais faire après tes études, Paul?

- Ah, je ne sais pas exactement encore, mais j'aime bien travailler avec les jeunes. Je crois que je voudrais devenir professeur.
- Ah oui? Il faut combien de temps pour devenir professeur?
- Je crois que c'est à peu près trois ou quatre ans. C'est très long! Il faut continuer ses études à l'université.
- Et toi, Amélie, qu'est-ce que tu veux faire?
- Alors, moi non plus, je ne sais pas très bien encore ce que je voudrais faire. Mais j'adore les voitures, alors j'aimerais travailler dans un garage. Je pourrais vendre des voitures peut-être.

- Ah oui. Ça, c'est intéressant!
- Oui, mais c'est un travail fatigant et le salaire n'est pas très bon. On est mal payé, je crois.
- Et toi, Marc, tu as une idée?
- Moi, je voudrais un travail qui me permettra de voyager … de visiter d'autres pays. Les voyages me passionnent … Peut-être un travail comme journaliste. Oui, cela m'intéresserait.

15
J'habite dans un village de 2000 habitants. Dans ma famille, nous sommes cinq. Il y a mon père, ma mère, mes deux frères et moi. Je n'ai pas de soeurs. Mon père est boulanger et ma mère est infirmière.

16
Je m'appelle REYNAUD – ça s'écrit R-E-Y-N-A-U-D. Prénom: Marie. Mon adresse, c'est seize, rue de la Poste, à Thuir. Mon Numéro de téléphone, c'est le 02-68-37-42-59.

17
Ce samedi, en Angleterre, on prévoit un gros lot de quelques 12 millions de francs. Les Numéros de la chance sont les suivants: 31, 18, 9, 50, 2, 23. Je répète: 31, 18, 9, 50, 2, 23.

18
- Alors, Luc, tu as passé de bonnes vacances?
- Ah oui, c'était très bien. Je suis allé en Angleterre, et il a fait très beau, là-bas.
- Et toi, Sandrine, tu es allée en Espagne, n'est-ce pas?
- Oui, c'est vrai. Ce n'était pas super.
- Et toi, Jeanne, où es-tu allée?
- Alors moi, je suis partie à la montagne en Suisse. C'était formidable. Il y avait beaucoup de neige.

19
1 a Oui, oui, nous avons des chambres libres. Je peux vous proposer deux chambres à 250 francs la nuit.
  b Eh bien, ce sont des chambres pour une personne, avec un lit et avec douche.

2 a Vous serez à l'hôtel à cinq heures et demie.
  b Alors, l'Hôtel Fiat se trouve à deux cents mètres de la station de métro.

Part 2

1

Première Partie

Quel travail dois-tu faire pour aider tes parents?

– Je fais des courses pour aider mes parents. J'aime bien les faire parce que, normalement, je peux acheter des cassettes en ville. Qu'est-ce que tu es obligé de faire?

– Mes parents me demandent de laver la voiture. Je n'aime pas faire cela, surtout en hiver, parce qu'il fait froid. Mais ça va quand même, parce que mes parents me donnent de l'argent de poche.

Deuxième Partie

– Je n'aime pas ranger ma chambre, mais mes parents insistent.

– Moi non plus, je déteste ranger ma chambre, moi! J'aime avoir un petit peu de désordre parce que je ne trouve jamais mes affaires quand la chambre est rangée.

2

Je suis à La Lanterne, c'est un petit restaurant de 12 tables, situé près de la gare SNCF. Il y a un prix unique, 60 francs, service compris, et il y a un plat du jour: c'est du poulet rôti aujourd'hui. C'est ouvert tous les jours, sans exception …

Quelques mots français (page 31)

– 1 Mon meilleur ami.
– 2 Il me donne.
– 3 Un peu difficile.
– 4 Il me passe.
– 5 Des cadeaux.
– 6 Ses compacts disques.

3

Exemple: Sandrine, elle ne veut jamais sortir, elle a peur de tout!

– Roger est très sympa. Il me passe toujours ses compacts disques et des livres. Il me fait souvent des cadeaux.

– Jacques est un peu difficile. Il n'aime pas attendre. Il se met souvent en colère pour rien.

– Didier est mon meilleur ami. Il est très drôle, il me fait rire tout le temps.

Quelques mots français (page 32)

– 1 Devant le café.
– 2 Un taxi.
– 3 Un message.
– 4 Son devoir de maths.
– 5 Le concert.

4

Salut, c'est Béatrice. Je voudrais laisser un message pour Chrystelle.

Alors, le concert commence à 19h 30, pas à 20h, donc on se retrouve devant le café à 19h. Sylvie ne vient pas, elle a son devoir de maths à finir. Et Philippe ne vient pas non plus. Il a un gros rhume.

Le concert se termine vers 23h 30 et il faudra prendre un taxi pour rentrer, parce que la voiture de Patrick est en panne. À ce soir, salut!

5

Bonjour. Il est une heure. Voici la météo pour cet après-midi.

Dans le nord, il y aura du brouillard.

Dans le Midi, il fera un temps ensoleillé.

Dans la région parisienne, il pleut depuis ce matin. Il y aura encore des averses jusqu'à ce soir.

Sur la côte Atlantique, on signale des vents forts.

Dans le sud-est, baisse des températures.

6

– Eliane, tu restes ici à Birmingham pour les vacances de Pâques, ou bien tu rentres en France?

– Je n'ai pas envie de rester à Birmingham. Ce n'est pas une ville ennuyeuse …, ça me plaît, quoi … il y a plein de choses à faire, mais j'ai l'impression d'avoir tout vu et tout fait ici. Alors, on va visiter le pays de Galles. Je vais découvrir un peu le pays. Les vacances ne sont pas assez longues pour rentrer en France, tu vois … d'ailleurs, j'ai déjà passé Noël chez mes parents … .

– Tu as dit, 'on va visiter'. C'est qui ça, 'on'?

– C'est un groupe d'amis, des Français et des Allemands. On est tous assistants dans des écoles ici. On s'entend tous très bien.

– Et vous comptez faire quoi exactement?

– Oh tu sais, on fera sûrement des promenades à pied ou à vélo s'il est possible d'en louer. C'est ça que j'aime le plus en vacances, voir et découvrir le pays.

– Et vous logerez à l'hôtel?
– Tu parles! Ça serait bien si je gagnais assez d'argent! On pense loger à l'auberge de jeunesse.
– Vous n'avez pas pensé à aller à Londres?
– Si, on en a discuté, mais je connais déjà Londres. Et puis, en fin de compte, je préfère la campagne à la ville, tu sais.

7

a Sortez de l'hôtel et tournez à droite, puis à gauche dans la Grande Rue et c'est sur votre droite à côté du collège.
b Sortez de l'hôtel, tournez à gauche, prenez la première à gauche et traversez la rivière; ça se trouve sur votre droite.
c Vous sortez d'ici et continuez tout droit et c'est juste en face de vous.

8

Allô, c'est Denise. … Écoute. Je suis désolée mais je serai en retard parce que je dois aller chez le médecin. Le problème, c'est que je n'ai rien préparé pour le repas de ce soir. Alors, est-ce que tu peux m'aider? Merci!

Alors, d'abord, tu veux bien aller faire les courses? Va à la boucherie acheter un poulet. Un poulet assez gros, hein, trois kilos environ. Ensuite va à l'épicerie et achète deux kilos de pommes de terre. D'accord? Nous avons besoin aussi de quelque chose à boire. Donc achète … euh … une bouteille de vin blanc et une demi-douzaine de bouteilles de bière. O.K.?

Quand tu seras de retour à la maison, tu peux, s'il te plaît, mettre le poulet dans le four? Il faut, bien sûr, allumer le four, n'est-ce pas? Tu le mettras à environ 200 degrés … ou bien, non, un peu plus … 250. Tu serais très gentille aussi d'éplucher les pommes de terre. D'accord? Alors, merci bien, hein. J'espère rentrer un peu après huit heures.

Quelques mots français (*page 37*)

– 1 Au stade.
– 2 Un crime.
– 3 La valeur.
– 4 La circulation.
– 5 La question.
– 6 Cinq secondes.
– 7 Dix kilomètres.
– 8 Une autoroute.
– 9 Une déviation.
– 10 Un spectateur.

9

Exemple: Et maintenant, n'oubliez pas que M.C. Solaar est en tournée: alors, profitez-en, mais pour ceux qui n'ont pas la chance de le voir en concert, on va passer son nouveau disque.
– La réponse correcte est E.
– Et maintenant, à vous.

1 Hier, en début d'après-midi, un vol a eu lieu dans une bijouterie à Nancy. Le malfaiteur, muni d'un couteau, s'est échappé avec des bijoux dont on ignore encore la valeur

2 Beau jour ensoleillé, mais match nul dimanche dernier au stade Gerland, entre Lyon et Rennes. Pour les 12 000 spectateurs, c'était une rencontre sans grand intérêt entre les deux équipes.

3 Le mauvais temps crée des problèmes pour les automobilistes dans l'ouest du pays. Sur l'autoroute A10, entre Poitiers et Niort, gros embouteillage de dix kilomètres de long. Et sur la Nationale 137, déviation au nord de Nantes à la suite d'un orage.

4 Alors, Madame Lecompte, je vous répète la question. Où se trouve l'Île Maurice? Dans l'Océan Pacifique ou l'Océan Atlantique? Vous avez cinq secondes pour répondre.

10

Exemple:

A Je travaille pour la poste. Je commence le travail très tôt le matin et je distribue des lettres et des paquets.

B Je travaille dans un hôpital. Je m'occupe des malades. Mon travail est très fatigant mais je l'aime beaucoup.

C Je travaille dans un garage et je répare des voitures. Je fais ce métier depuis à peu près quatre ans.

D J'enseigne les sciences naturelles dans un lycée de la banlieue parisienne. C'est parfois un travail difficile, parce que j'ai une trentaine d'élèves dans certaines classes.

E Je travaille aux Galeries Lafayette depuis cinq ans dans le rayon des vêtements hommes. J'aime bien ce travail, parce que c'est intéressant de rencontrer des gens.

11

Nous recherchons des jeunes gens pour travailler dans notre restaurant, à Nice.
Vous travaillerez entre le 1er juillet et le 31 août.
Vous ferez 37 heures par semaine.
Vous serez logé et vous recevrez mille francs par semaine.
Si vous êtes intéressé, il faut nous écrire au restaurant. Nous donnerons préférence aux jeunes qui parlent le français.

12

– Bonjour, monsieur, bienvenue à l'hôtel de la République. Je peux vous aider?
– Oui, j'ai réservé une chambre au nom de Foulon: F-O-U-L-O-N.
– Foulon, Foulon … ah, oui, une chambre pour deux personnes, avec douche, pour ce soir.
– Mais non, on a demandé une chambre avec salle de bains.
– Ah oui, vous avez raison.
– Alors, c'est la chambre Numéro 32. C'est au cinquième étage. Vous avez de la chance. Il y a une belle vue sur la place de l'église. Voici la clé, je vous souhaite un bon séjour dans notre hôtel.

Part 3

1

– Oui, mademoiselle, vous voulez bien me parler un peu de l'enseignement des langues étrangères en France? Enfin, ce que vous en pensez, vous?
– Oui, bien sûr … Euh … donc, la plupart des gens, des jeunes surtout, en France, apprennent deux langues étrangères en général … euh … moi, par exemple, j'ai choisi l'allemand et l'anglais … j'ai appris l'allemand pendant huit ans et l'anglais pendant cinq ans.
– Oui, vous êtes à quel niveau en allemand, par example?
– Je me débrouille en allemand mais je préfère de beaucoup l'anglais. Je suis allée plusieurs fois en Angleterre et … euh … je parle … j'ai plus souvent l'occasion de parler anglais … et … je pense que l'anglais est plus utile que l'allemand.
– Mais oui, sans doute.

2

Intellectuellement, je crois que les moniteurs ont beaucoup évolué. Nous avons à Courchevel des moniteurs qui parlent chinois, japonnais, anglais, euh … espagnol, allemand, toutes les langues, et à l'époque où je suis arrivé à Courchevel, nous étions dix moniteurs, et j'étais le seul qui parlais anglais. Maintenant, ici, il y a au moins cent cinquante moniteurs qui parlent anglais – ce qui est tout de même fantastique.

3

– J'ai treize ans et je suis née en Tunisie. Voici ma journée. Je me lève tous les matins à six heures. Je me lave puis je prends mon petit déjeuner. Je bois un grand bol de café noir et je mange des gâteaux tunisiens. Je quitte l'école à deux heures. L'après-midi je vais à la plage.
– Je viens de Manille, dans les Philippines, et je parle l'espagnol, l'anglais et le français. Ma journée … eh bien, je me lève à sept heures trente. Je prends mon petit déjeuner. D'habitude, du jus de fruit et du pain. Je vais à l'école avec mes amis à huit heures quinze. Je rentre à la maison vers cinq heures. Je fais mes devoirs, puis j'écoute mes disques.
– Salut! Je m'appelle Wendy. Je suis américaine. Ma journée … euh … je me lève tous les jours à sept heures. Je me lave, je m'habille, je mange des crêpes et je bois un jus d'orange. Les cours commencent à neuf heures et finissent à cinq heures. Je fais beaucoup de sport.
– Je m'appelle Pascal et ma famille vient du Cameroun, mais j'habite en France. Ma journée est longue. Je me lève tous les jours à six heures et demie et je me couche à dix heures. Je ne prends pas de petit déjeuner avant d'aller au collège parce qu'on commence tôt le matin. Je rentre à la maison à six heures. Je regarde la télé et je fais mes devoirs.
– Je vis dans un kibboutz, en Israël. Je me lève à cinq heures du matin. Je prends un verre de lait puis je vais travailler dans les champs. Je vais à l'école à neuf heures et je quitte l'école à trois heures quinze. Je déjeune avec ma famille au kibboutz.

4

Je suis très conscient maintenant de l'importance d'être en forme et en bonne santé. Il y a 3 ans, je pesais 80 kilos. J'étais tout le temps fatigué et je ne pouvais pas monter à pied à mon bureau au troisième étage. Heureusement, il y avait l'ascenseur. Puis, un jour, j'ai vu une photo de moi avec ma fille. Alors je me suis décidé à m'occuper de mon physique. J'ai commencé à manger plus de légumes et de fruits, et moins de pâtisseries et de matières grasses, de viande par exemple. Je me suis inscrit à un club de sport et je me suis mis à faire de l'exercice. Je continue de faire attention à ce que je mange et je fais toujours du sport au moins trois fois par semaine.

À mon avis, de nos jours, les gens mangent trop et ne font pas assez d'exercice. C'est en quelque sorte la faute du progrès technique. On a tout pour faciliter la vie. Il y a des machines pour tout et, par conséquent, les gens sont devenus paresseux. Prenons comme exemple la voiture. Avant, beaucoup de gens aimaient faire des promenades à pied, surtout le dimanche. Maintenant on préfère les promenades en voiture.

5

– Bon, qu'est-ce qu'on va voir?
– J'ai envie de voir quelque chose de comique. Il paraît que *le Masque* est très drôle.
– Oui mais, regarde, c'est en version originale avec des sous-titres. Je déteste ça, on passe tout son temps à les lire.
– Moi, je voudrais voir *Germinal*, on a étudié le livre en classe.
– Et l'autre film avec Tom Cruise?
– Je l'ai déjà vu la semaine dernière.
– Alors *Germinal*?
– D'accord.

6

Alors, voilà, je te présente mon beau-père, mon neveu Jean-Pierre. Et voici notre voisine, Mme Delpêche.

7

a   Seize heures. Sortie du lycée Charles Gide d'Uzès. Sandrine, Suzanne, Marie et les autres. Une bande d'ados comme il en existe des milliers. Ici, chaque jour après les cours, on se retrouve au café. Dans cette petite ville de province, il n'y a guère d'autres lieux de rencontre pour les jeunes. À dix-sept heures, vite! il faut rentrer. La plupart d'entre eux vivent dans des villages à dix kilomètres de là, et le car n'attend pas. L'amour pas facile donc. Pour la plupart, les études sont la priorité Numéro 1.

b   – Marie, pour vous, l'amour c'est important?
– Oui … euh … enfin, je suis plutôt, euh, travail travail. Donc, j'essaie de plus me consacrer au travail qu'à l'amour, bien que j'y pense, euh, tout le temps.
– Et vous, Pierre?
– Je prends quand même plus de temps pour mes études, parce que pour l'amour on a le temps. Les études, c'est maintenant, et pas après.

8

Madame Bouleau

Faut dire que je trouve … très difficile de parler avec les autres. Avec … ma famille et mes amis, ça va assez bien, mais alors … enfin, quand je rencontre … des étrangers, ou bien … si je suis dans une nouvelle situation … alors là, j'ai toujours des problèmes, hein, et … je trouve la conversation … très, très difficile.

Monsieur Morel

Depuis quelque temps les choses ne vont pas bien. Malheureusement, j'ai perdu mon emploi à l'usine parce qu'on l'a fermée. Et … depuis que je suis au chômage … ben, je n'ai rien trouvé d'autre à faire. Donc … moins je travaille, plus je me dispute avec ma femme et … c'est pas bon, ça. J'avoue que je ne sais pas trop bien quoi faire.

Madame Fournier

Nous avons décidé, mon mari et moi, de visiter la Belgique … Et avant d'y aller, je n'étais pas très … enfin, disons que je n'attendais pas la visite avec impatience, parce que … eh ben, on m'avait dit que c'était un pays triste, sans intérêt, quoi. Mais, je dois dire que ce n'est pas du tout comme ça. On a passé une semaine formidable à Bruxelles. C'était beaucoup plus intéressant qu'on m'avait dit.

9

a Dès le moindre flocon de neige, un véritable flot de skieurs envahissent les pistes, et chacun s'élance sans vraiment prendre de précautions. Or, le ski est un sport relativement dangereux, et il est nécessaire de se préparer. La préparation physique est indispensable pour profiter sans risques d'un séjour à la montagne. Si vous n'êtes pas un sportif confirmé, faites des exercices le mois précédent votre départ. Soyez également attentif à votre matériel. Portez la plus grande attention à son choix, au réglage, à l'entretien.

b Les statistiques le prouvent: le troisième jour de ski le nombre d'accidents monte en flèche. La raison est simple: le skieur considère qu'il skie mieux que les premiers jours. Mais il ne se rend pas du tout compte de la fatigue accumulée. Si vous vous sentez fatigué, ne skiez pas pendant toute une journée. Oh! allez! Juste une après-midi.

c Choisissez avec une attention toute particulière le matériel des enfants. N'hésitez surtout pas à protéger leur tête avec un casque. Sachez, par exemple, que son utilisation régulière dans les pays nordiques a entraîné une baisse importante des traumatismes craniens. Ne laissez jamais un enfant skier seul, ni même avec un ami de son âge. Et ne les laissez pas partir sans un moyen d'identification, un simple badge. Enfin, surtout, ne skiez pas et ne prenez pas de remontées mécaniques en portant un enfant, un bébé dans un sac porte-bébé. D'ailleurs, certaines stations l'interdisent formellement. Sachez qu'en cas d'accident, les conséquences sont toujours très graves. De plus, en restant immobile, le bébé peut attraper des engelures. Enfin, il est toujours conseillé de skier à plusieurs. En cas de problème, on peut toujours s'aider, et à plusieurs parfois on se sent moins seul.

2 – Alors, c'était bien, le camping?
– C'était affreux.
– Pourquoi?
– C'était un camping à trois étoiles mais il y avait seulement deux douches, pour 30 personnes.

– Ce n'est pas vrai!
– Je te jure! En plus, il n'y avait pas d'eau chaude, le soir. Les toilettes étaient sales. Il n'y avait même pas de magasin sur place.

10

1 a – Jean, quand as-tu grillé ta première cigarette?
– C'était il y a deux ans. J'ai trouvé un paquet de Gitanes de mon père sur le buffet, et j'ai pris une cigarette, comme ça, sans réfléchir. Après, je me suis mis à fumer franchement, jusqu'à une dizaine de cigarettes par jour. Ça s'est arrêté d'un coup, quand j'ai commencé à sortir avec Sophie. Elle n'aime pas le tabac. C'était les cigarettes ou elle.

b – Et Jean, comment ça va maintenant avec Sophie?
– Très bien. D'abord nous avons eu nos petits problèmes. Elle s'est montrée très difficile des fois. Si je voulais un peu d'indépendance pour jouer au foot, sortir de mon côté avec des copains, elle voulait toujours savoir où j'allais, ce que je faisais. Elle s'imaginait que je sortais avec une autre! Enfin, je lui ai dit un jour: 'Écoute, Sophie, je ne peux pas passer 24 heures sur 24 avec toi. J'ai d'autres choses à faire quelquefois'. 'Ça y est', me suis-je dit. 'Elle va crier ou pleurer'. Mais non! Elle m'a dit très tranquillement: 'D'accord, je te comprends. Mais c'est que je tiens tellement à toi. Tu as tort d'être exaspéré'.

c – Jean, tu viens de rentrer d'Angleterre. Quelles impressions est-ce que tu as rapportées de là-bas?
– J'ai aimé la vie anglaise beaucoup plus que Sophie. Elle déteste tout: le collège, la nourriture, la télévision, tout! Mais j'ai beaucoup apprécié le breakfast anglais, surtout le porridge, que je prenais tous les matins. J'ai également aimé la vie scolaire en Angleterre, car les rapports profs-étudiants sont beaucoup plus détendus qu'en France. Enfin, je me suis beaucoup amusé au ciné: il y a souvent deux films au programme.

Pour la télévision, je ne sais pas. Je n'ai pas regardé le petit écran en Angleterre, j'étais bien trop occupé. S'il y avait une chose à critiquer, ce serait les transports en commun, surtout le chemin de fer britannique …

d – Enfin, Jean, parle-moi de tes projets d'avenir. Tu as l'intention de te marier, par exemple?
– Bien sûr. Je suis nettement pour le mariage. J'ai envie d'avoir deux ou trois enfants à l'âge de trente ans. Mais, même sans enfants, le mariage est l'idéal pour moi. Je veux une certaine sécurité économique et morale, c'est-à-dire un bon emploi et un mariage d'amour. Là encore tu vois l'influence de Sophie, sans doute. Elle partage mes opinions sur le mariage. Heureusement!

2 Exemple: Je m'appelle Nicole. Mes parents n'aiment pas que je rentre tard, mais c'est parce qu'ils m'aiment et ils sont anxieux.

– Je m'appelle Jérôme. Moi, je ne peux pas sortir avec mes amis. Mes parents pensent que je dois étudier tout le temps.
– Je m'appelle Alain. Mes parents m'écoutent. Je leur dis tous mes problèmes.
– Je m'appelle Dominique. Mes parents ne sont jamais contents. Ils n'aiment pas mes vêtements, ma coupe de cheveux, et mes amis.

11

Samedi dernier, c'était mon anniversaire. J'ai reçu plein de cadeaux, une belle montre, un livre, des chocolats et un compact disque. Mes grand-parents m'ont donné de l'argent. Je vais peut-être acheter une jupe. Pour fêter mon anniversaire nous avons mangé dans un restaurant italien.

12

– Oui, madame?
– Bonjour, monsieur, j'ai perdu mon portefeuille dans le parc.
– Quand l'avez-vous perdu?
– Je ne sais pas exactement, euh … mais je l'avais dans mon sac il y a une demi-heure quand j'ai quitté le café.
– Qu'est-ce qu'il y avait dedans?

– Deux billets de 100 francs et des photos de mes parents et de ma soeur.
– Attendez un moment. Est-ce que c'est celui-ci?
– Oui! Quelle chance!

13

1 Exemple: Les informations de midi 20 mai. Grippe: La fameuse grippe chinoise menace les personnes du troisième âge, qui sont invitées à consulter le plus tôt possible leur médecin sur les mesures à prendre.

A Paris: Un accident sur le périphérique ce matin à 10 heures. Un poids lourd renversé a fait deux morts.
B Paris également: N'espérez pas de courrier aujourd'hui. Dès minuit, les facteurs se sont mis en état de grève.
C Cigarettes: 20% des adultes (dont seulement 7% des femmes) ont renoncé au tabac en 1994.
D Sport: Les rugbymen français ont vaincu les touristes néo-zélandais par 21 à 12 au Parc des Princes, hier soir.
E Porelli: L'usine de Seignancourt ferme; celle de Bordeaux restera ouverte.

2 – Dis, Alain, pour aller en Angleterre je trouve qu'on devrait prendre le tunnel. Il paraît que c'est très confortable et très rapide.
– Ce n'est pas si rapide que ça. Les trains vont beaucoup moins vite du côté anglais. Et puis j'ai lu que l'autre jour un train est tombé en panne et les passagers ont dû y rester pendant sept heures. Sept heures, tu te rends compte!
– Bien sûr, il y a quelques petits problèmes. Mais il faut l'essayer une fois quand même. Et tu devrais être pour, Alain, toi qui as toujours le mal de mer quand on prend le bateau. Qu'est-ce que tu en penses, maman?
– Moi, je dois dire que j'aime bien la traversée en bateau. Mais peut-être qu'on devrait prendre le tunnel cette fois-ci. Pour nous, ce serait quelque chose de nouveau.
– Écoutez, j'ai trouvé la solution. On prend l'avion.
– Mais tu es fou! L'avion est beaucoup plus cher, hein, maman?

– Je ne sais pas. Il faudra se renseigner. On va comparer les prix, puis on prendra une décision.

3 a France-Infos. Il est dix-sept heures trente. Écoutez France-Infos. L'info, c'est France-Infos, vingt-quatre heures sur vingt-quatre.

b Dans les Alpes-Maritimes, les automobilistes sont déviés vers la Nationale 7 à la suite d'un incendie.

c À Paris, un grave accident s'est produit tout à l'heure sur le périphérique extérieur, Porte de Chaillot. Une moto est venue percuter un camion. Deux voies du périphérique restent neutralisées.

4 – Eh bien, Marc. Ça va?
– Ça va maintenant, mais j'ai eu des problèmes aujourd'hui, tu sais.
– Comment ça?
– Eh bien, écoute. Je quitte Paris ce matin entre sept heures et quart et sept heures et demie. J'arrive au périphérique et je me dis 'Mince! J'ai oublié ma valise!' C'est bête, hein? J'étais parti si vite, tu vois, que je n'ai même pas pensé à mes bagages! Quel idiot!
– Oh là là, pauvre Marc! Donc tu es rentré à l'appartement?
– Ben oui! Je rentre, je prends ma valise … et ensuite c'est les embouteillages et je mets au moins quarante minutes pour regagner le périphérique.
– Oh là! Mais après ça, ça a marché?
– Au début, au moins, ça a marché. Je prends l'autoroute, l'A10, je descends vers Orléans et puis, vers dix heures … je tombe en panne d'essence!
– Ah non! C'est pas vrai! Alors, qu'est-ce que t'as fait?
– Eh bien je téléphone à l'Assistance Routière, j'attends deux heures et je me remets en route, fâché, vraiment fâché!
– Et puis tu as eu du mauvais temps.
– Comme tu dis.
– De la pluie?
– Pas seulement la pluie. La grêle aussi, hein! Affreux! Je déteste conduire par un temps pareil.
– Mais après ça, plus de problèmes, non?

– Si, si! Je n'ai pas fini! Figure-toi que j'arrive près de Châtellerault vers trois heures, là où je dois quitter l'autoroute pour venir à Limoges, et que je rate la sortie! Je la connais bien, la route, mais aujourd'hui j'ai complètement oublié de prendre la bonne sortie!
– Donc tu as dû continuer jusqu'où – à Poitiers, non?
– C'est ça. Et bien sûr, arrivé à Poitiers c'est encore une fois les embouteillages!
– Oh là là, pauvre Marc! Mais au moins tu es là maintenant, c'est ça le plus important!

14

1 – Moi, je suis facteur depuis vingt-cinq ans. C'est un boulot que j'aime bien. On travaille en plein air, et on fait beaucoup de kilomètres. C'est très bon pour la santé, même mieux que le footing. Seulement, il faut se lever de très bonne heure le matin.
– Oui, moi aussi, je suis bien content de mon travail. Je m'entends pas mal avec mes élèves, qui sont généralement gentils. Mais il y a beaucoup de travail à faire le soir, des copies à corriger. Je n'aime pas trop ça.
– Être secrétaire, ça va, je suppose. Les heures me conviennent, car je peux être à la maison quand les enfants rentrent du collège. Mais passer la journée à taper des lettres, ça m'ennuie quelquefois.

2 – Je lis un article sur les jobs à l'étranger pour les étudiants. Tu l'as vu?
– Non, pourquoi? C'est intéressant?
– Oui, mais c'est toujours des jobs plutôt difficiles comme barman, animateur, garçon de café. C'est des jobs pas très bien payés.
– Oui, mais c'est normal, on est étudiants. Tout le monde nous exploite. Mais il y a quand même des avantages, surtout si on veut parler la langue: on a beaucoup de contact avec les gens du pays. J'ai travaillé en Angleterre l'année dernière, et j'ai fait beaucoup de progrès.

– C'est vrai. Ma soeur a travaillé en Angleterre l'année dernière. Elle s'est très bien amusée et maintenant elle parle anglais comme une Anglaise. C'est pour ça que j'ai trouvé un job en Angleterre pour cet été. Mais je ne serai pas bien payée du tout.

3 Eh bien … mes projets pour l'avenir. Je pense que l'année prochaine j'aimerais bien être assistant de français dans une université anglaise; j'ai bien aimé mon travail comme assistant dans une école cette année, vous voyez, donc ça me plairait bien de faire plus ou moins le même travail dans une université en Angleterre, l'année prochaine. Ensuite … je sais que je ne peux pas éviter le fameux service militaire, qui dure dix mois. Je pense que, après ça, comme travail, j'aimerais bien être professeur d'anglais en France ou bien professeur de français en Angleterre, peu importe, enseignant les élèves de n'importe quel âge. Ça me plairait bien, j'en suis sûr.
Et je voudrais aussi voyager, bien sûr, et me marier après. Et … euh … j'aimerais habiter et travailler dans le sud de la France. C'est un gros avantage de pouvoir travailler dans le sud parce que … eh ben, il faut avoir vécu, ne serait-ce qu'une semaine dans le nord de la France pour comprendre. Dès qu'on travaille au sud, c'est le paradis! Je pense que d'ici dix ans j'aurai donc un travail bien établi, une femme, des enfants, une grande voiture pour emmener les enfants en vacances … et tout ça.

4 – Dis-moi, Patrick, tu as toujours habité ici?
– Moi, je suis né ici, dans le village. On dit qu'il n'y a pas de distractions à la campagne, mais moi, je me plais ici. Comme tous mes copains, j'ai un vélomoteur, donc on se déplace assez facilement. … Évidemment, il y a certains inconvénients. Dans le village, on a une boulangerie, une boucherie et un petit supermarché. C'est tout. Mais, si on veut des cassettes, des compacts, ou si on veut s'acheter un jean, par exemple, il faut aller en ville.

J'y vais de temps en temps, mais je n'aime pas tellement la ville. L'air est trop pollué, et je trouve que les gens sont moins aimables.
– J'ai l'impression qu'il est difficile de trouver du travail ici?
– Pour le moment, ça va. L'été, j'ai un petit boulot. Mes parents sont propriétaires du supermarché du village et, en été, il y a une buvette, c'est-à-dire un petit café, à côté. Moi, je m'occupe de la buvette, je sers les clients, je lave les verres. C'est très bien, parce que tous les jeunes du village et aussi de jeunes vacanciers s'y retrouvent pour discuter, boire un coca, jouer aux cartes. Donc, je rencontre des tas de gens. Tiens, cette année j'ai fait la connaissance d'une fille allemande. Maintenant, on s'écrit, en français bien sûr, parce que je ne parle pas l'allemand, ni l'anglais non plus. En langues je suis vraiment nul.

5 **Première Partie**
– Ce disque, c'est un nouveau challenge pour toi?
– Disons que c'est la continuité de ma vie.
– Pourquoi avoir attendu la fin de ta carrière de tennisman?
– Parce qu'on ne peut pas faire les deux choses en même temps.
– Ce disque est une très bonne façon pour toi d'oublier que tu raccroches la raquette?
– La fin de carrière pour un sportif fait peur. D'un coup, tu as trente ans et tout le monde te dit que tu es vieux. Alors que tu te sens toujours jeune. Trente ans, c'est le début de la vie!

Deuxième Partie
– Ton ex-femme Cécilia avait aussi sorti un disque.
– Oui, c'est une chanson affreuse. C'est dommage. Elle a une bonne voix.
– Ta famille au Cameroun a-t-elle écouté le disque?
– Oui, évidemment, ils sont fans!
– Pourquoi avoir écrit les textes en anglais?

— Tu sais, j'ai vécu cinq ans à New York. En plus, sur 100 disques que j'ai chez moi il y en a 95 en anglais. Les meilleurs disques pour moi sont en anglais!

6 Pour mon stage en entreprise, j'ai passé une semaine dans une agence immobilière au centre ville. Les clients sont venus dans le bureau pour chercher des maisons à acheter ou des appartements à louer. Le travail était très intéressant et varié. Par exemple, quand j'étais dans le bureau je montrais des photos des maisons aux clients. Mais plusieurs fois j'ai quitté le bureau pour visiter des maisons à vendre ou pour prendre des photos. Un jour j'ai tapé à la machine des renseignements sur les maisons. Les gens avec qui je travaillais étaient très sympathiques et je m'entendais très bien avec eux. À la fin de la semaine ils m'ont même offert un stylo pour me remercier. Je garderai un très bon souvenir de mon stage, mais je ne travaillerai pas dans une agence immobilière plus tard. J'ai l'intention de continuer mes études et j'espère devenir professeur.

15

Paris. Discothèque 'La Main Jaune', un endroit assez unique en France, où les mineurs peuvent se retrouver les mercredis, samedis et dimanches, de quatorze à dix-neuf heures. Pas d'alcool, l'entrée coûte quarante francs, et le verre de coca cinq francs.

16

1 Exemple: J'ai rendez-vous avec Monsieur Leclerc vendredi à dix heures. Je regrette, mais je ne pourrai pas arriver avant trois heures de l'après-midi. Est-ce que je peux prendre rendez-vous pour cette heure-là? C'est de la part de Jérôme Toutbon. Mon numéro de téléphone est le zéro-un, trente-deux, cinquante-sept, soixante-dix, vingt-trois.

a Allô, Christine? Stéphanie à l'appareil. Dis, j'arriverai à la gare à dix-sept heures cinq. Pas besoin de venir me chercher. Je voudrais faire quelques courses, alors je prendrai un taxi. Je serai chez toi vers six heures et demie. Salut!

b Allô, ici Marc, le secrétaire de Paul Dupont. Finalement, il ne pourra pas venir vous voir. Sa soeur a eu un accident de voiture. Elle n'a pas été hospitalisée, mais il doit évidemment rester auprès d'elle. Si vous voulez lui téléphoner après le week-end, il en saura peut-être plus. Son numéro est le zéro-trois, quarante-deux, soixante-quatorze, dix-huit, dix-huit.

2 France-Télécom, bonjour. Vous avez composé le numéro douze. Le service de renseignements téléphoniques va vous répondre. Veuillez patienter quelques instants s'il vous plaît.

17

Euh … tiens. Mes amis viennent manger ce soir. Si nous faisions une bonne salade de fruits? Tu peux m'aider, s'il te plaît? Alors, il nous faut … attends … des framboises … euh … combien de framboises? … une livre de framboises … euh … un ananas aussi … oui, oui, un ananas assez gros, quelques abricots … à peu près , je ne sais pas … dix abricots, quelques cerises, quelques cerises … une livre, ou peut-être une livre et demie et un melon … et un citron aussi. Va voir ce que nous avons dans le frigo et dans le saladier sur la table … et tu vas acheter ce qu'il nous manque.

18

1 — Alors, Nathalie, tu as passé de bonnes vacances?

— N'en parlons pas. On est arrivé à l'hôtel vers trois heures, après un très long voyage. L'avion est parti avec quatre heures de retard. T'imagines? Quatre heures!

— Oh, là là!

— Enfin, on s'est dit qu'on avait juste le temps de se baigner avant de défaire nos valises, tu vois? D'après la brochure, la plage était à cent mètres. Donc, on est descendu. Oui, la plage était là. Mais de l'autre côté de la route nationale. Tu n'as jamais vu tant de circulation! C'est pas croyable. Après un quart d'heure, on s'est décidés à retourner dans nos chambres. Pas moyen de traverser cette route!

– C'est pas vrai!
– Si, je t'assure. Et ça a continué comme ça. Bref, si on voulait se baigner, il fallait être sur la plage avant huit heures du matin, et rester là toute la journée.
– Dis donc! Mais, autrement, c'était bien?
– Ben, non! Quand nous sommes retournés dans nos chambres, il n'y avait pas une goutte d'eau: douche, lavabo, baignoire, tout à sec!
– Ben, vous êtes allés vous plaindre, j'espère.
– Ben, tu penses. Mais le patron n'était pas du tout sympa. Il a commencé à crier, c'était pas sa faute, qu'est-ce qu'on voulait qu'il fasse, etcétéra. Bref, nous sommes allés voir le représentant de la compagnie de vacances, et nous avons changé d'hôtel.
– Bon, tout est bien qui finit bien, alors!
– Mais non, justement, car le lendemain mon père a reçu un coup de téléphone. Le directeur de son entreprise était malade …
– Oh, dis donc!
– … et il a dû rentrer tout de suite. Alors, nous autres, nous sommes restés, bien sûr, mais puisque ma mère ne conduit plus depuis son accident, nous n'avons pas pu faire toutes les excursions prévues. Enfin, on aurait mieux fait de rester chez nous, surtout que c'était très cher. Alors je n'ai plus un sou, complètement fauchée, quoi!

2 a Oh, à Dieppe tout s'est très bien passé, on s'est bien amusés … mais au début on a eu des problèmes à l'hôtel. Quand nous sommes arrivés, vendredi matin, nos chambres n'étaient pas prêtes … les lits n'étaient même pas faits.

b Alors, on a dû attendre jusqu'à midi, et ma mère n'était pas du tout contente … ah non, elle était furieuse … elle a voulu chercher un autre hôtel tout de suite.

c Mais comme mon père avait réservé et payé nos chambres à l'avance, il ne voulait pas changer d'hôtel. Alors, il nous a proposé d'aller en ville, et après on a joué au ballon sur la plage. Ma mère s'est finalement calmée, et on est retournés à l'hôtel au début de l'après-midi, et les chambres étaient prêtes.

d Et tu sais ce qui était super à l'hôtel? … Il y avait une très belle piscine … ah oui, super! Samedi matin, on avait déjà nagé avant de prendre le petit déjeuner!

e Ah oui, on a passé un excellent week-end. Finalement, le patron de l'hôtel était tellement embarrassé qu'il nous a offert de passer encore un week-end dans son hôtel … à moitié prix, toute la famille à moitié prix. Cool, non?

3 – Prague, la capitale de la République Tchèque, est une ville qu'il faut absolument voir. Alors, tout d'abord, comment y aller? En avion, de Paris, il faut 1 heure 40. Prix charter à partir de 1 200 francs environ. Vous pouvez aussi y aller par le train: il y a un départ quotidien de la Gare de l'Est, à 23h. et vous arrivez à Prague le lendemain après-midi.
– Autre choix plus extravagant, l'Orient Express, à destination de Vienne. Cet inoubliable coup de folie vaut 7 750 francs l'aller simple. Départ de Paris, Gare de l'Est, deux jeudis par mois.
– Si vous désirez descendre à l'hôtel, une chambre double dans un hôtel de bonne catégorie ne vous coûtera pas trop cher. Mais attention! Il est pratiquement impossible de trouver une chambre au dernier moment. Mais le soir, des jeunes attendent les touristes devant l'Office du Tourisme et proposent des adresses de chambres d'hôte. Les chambres sont propres, le petit déjeuner bien servi.
– Quant aux restaurants, arrivez à l'heure parce qu'on ne sert plus après 21h, et il faut avoir réservé sa place. Faites-le le jour même, pendant que vous visitez la ville.

19

1 – Tiens, regarde. Si on campait ici?
 – Mais oui. Je suis en train de regarder les prix là … euh … je fais un calcul, dix francs vingt. Ça fait vingt francs quarante pour nous, treize francs vingt pour les enfants.
L'emplacement, ça fait dans les … oh, cinquante francs.
 – Oui. Ce n'est pas trop cher. Il y a des douches, de l'eau chaude.
 – Mm … Ce n'est pas cher. J'ai des amis qui ont campé en Dordogne cet été. Ils payaient cent vingt francs par nuit. Donc, cinquante francs, c'est valable, non?
 – Oui … Il n'y a pas de piscine ici, hein?
 – Oui, ils avaient une piscine. C'est pour ça, sans doute. Mais pour les enfants la piscine c'est quand même important. Oui … euh … remarque … euh … on n'a pas besoin de rester longtemps, hein?
 – Oui, on peut rester juste ce soir parce que les enfants vont s'embêter.
 – Regarde, il est tard, il est déjà six heures. Le temps que … on monte la tente. On peut rester ici ce soir et puis trouver quelque chose de mieux demain peut-être.
 – Oui, d'accord.

2 1 Désolée, Pierre, mais tu ne pourras pas aller en Suisse cette année. Un point, c'est tout.
 2 Dis donc, chérie, ça m'étonne que Sophie reste toujours dans cet appartement-là … hein? Il est très sale, tu sais.
 3 Bonjour, madame. Est-ce que vous pouvez me recommander un hôtel pas trop cher, s'il vous plaît?
 4 Ah oui, je me souviens … ils se sont mariés en mille neuf cent quatre-vingt-un. Ah, oui … c'est vrai.

20

 – Alors vous, Jean-Noël, quelle sorte de personne recherchez-vous?
 – Eh bien, je cherche un correspondant. Euh … je suis un peu timide, alors, quelqu'un comme moi, quelqu'un de calme, quoi.
 – Quelles sont vos passions? Vous êtes sportif, par exemple?
 – Ah, j'adore la mer, tous les sports de mer: le ski nautique, la planche à voile, tous.
 – Vous avez d'autres intérêts?
 – Oui … euh … J'aime bien bouquiner, surtout les romans policiers et la science-fiction, mais quelquefois je lis aussi des magazines sur l'histoire. Je voudrais bien correspondre avec quelqu'un qui partage les mêmes goûts que moi.
 – Et vous, Amélie, vous recherchez quelle sorte de correspondant?
 – Quelqu'un de dynamique, qui a beaucoup d'énergie, et surtout quelqu'un de passionné.
 – Vous êtes sportive?
 – Ah oui, assez, et je suis fana de VTT, et j'adore les randonnées. J'aime surtout me promener en forêt.
 – Vous avez d'autres passions?
 – Oui, je suis membre de Greenpeace. Tout ce qui concerne la terre et les animaux me passionne, j'adore la nature.

Solutions: Speaking

Area A

1
Rôle-play A *(page 66)*

Professeur: Tu arrives chez ton ami(e), en France. Je joue le rôle de ton ami(e). C'est à moi de commencer.

Alors, bienvenue chez moi!

1   Vous: **Merci. Où est ma chambre, s'il te plaît?[a]**

Professeur: Voici ta chambre. Elle est en face de la salle de bains.

2   Vous: **Je peux prendre une douche, s'il te plaît?[b]**

Professeur: Bien sûr. Tu as besoin de quelque chose?

3   Vous: **Oui, je n'ai pas de serviette.[c]**

Professeur: Ça ne fait rien. Il y a des serviettes sur ton lit.

4   Vous: **Ah, merci beaucoup.[d]**

a The *merci* and *s'il te plaît* are important: the instructions told you to say please and thank you when appropriate.

b *Je peux* (I can) is a very useful phrase. You can say it whenever you ask permission to do something.

c You could also say *J'ai oublié ma serviette* (I've forgotten my towel). Both will score full marks, so use whichever you feel more confident with.

d *Merci beaucoup* is the appropriate way here to thank your friend.

Note and learn these phrases which are often tested in your exam: *où est?* (where is?); *s'il te plaît* (please, to a friend); *je peux?* (can I?); *je n'ai pas de* (I haven't got a); *merci beaucoup* (thank you very much).

Rôle-play B *(page 67)*

Professeur: Tu es chez ton (ta) correspondant(e). Moi, je suis ton (ta) correspondant(e).

Bon, tu veux te coucher? On se lève de bonne heure demain matin.

1   Vous: **À quelle heure tu prends le petit déjeuner?[a]**

Professeur: Vers sept heures. Qu'est-ce que tu prends d'habitude pour le petit déjeuner?

2   Vous: **Du thé et des céréales.[b]**

Professeur: Demain on va manger des croissants.

3   Vous: **Est-ce que je peux prendre un bain?[c]**

Professeur: Bien sûr.

4   Vous: **Je voudrais du savon, s'il te plaît.[d]**

Professeur: Pas de problème.

a Another correct way of asking this is: *Tu prends/On prend le petit déjeuner à quelle heure?*

b There are many things you can say here, e.g. *du café, des toasts, du lait* – anything appropriate that you know.

c You could also ask *Je peux prendre une douche, s'il te plaît?*

d Equally good here would be *Et je voudrais une serviette/du shampooing, s'il te plaît.*

3
Rôle-play B *(page 72)*

Professeur: Tu es malade et tu vas chez le médecin. Moi, je suis le médecin.

Bonjour.

1   Vous: **Bonjour, docteur.ª Je suis britannique et je suis en vacances en France.**

Professeur: Et quel est le problème?

2   Vous: **Alors,b j'ai de la fièvre et j'ai mal à la gorge.c**

Professeur: Depuis quelques jours déjà?

3   Vous: **Oui, depuis trois jours.d**

Professeur: Alors, dites-moi ce que vous avez fait avant d'être malade.

4   Vous: **Eh bien, j'ai passé trop de temps au soleil.e**

Professeur: Oui, ce n'est pas grave. Je vais vous donner une ordonnance.

Vous: **Merci beaucoup, docteur.f**

a   When you talk to a doctor, you call him or her *docteur*.

b   Remember that you can say *alors* or *eh bien* to give you a little time to think, without appearing to hesitate.

c   Make sure you learn *j'ai mal (à la tête, à la jambe, aux dents, au ventre)*.

d   With careful preparation, you can be ready for this. Doctors usually ask how long you've been ill. When preparing a rôle-play, think what questions people ask in real life and you should be ready.

e   You could also say *Je me suis fait(e) bronzé(e)* (I sun-bathed) or *J'ai mangé (du poisson) dans un restaurant*.

f   This is not on the card, but you will impress the examiner by saying it – it shows that you can take the initiative and that you are taking part fully in the rôle-play.

4
Rôle-play A *(page 73)*

Professeur: Vous êtes dans un restaurant, en France. Je joue le rôle du garçon. Je vais commencer la situation.

Bonjour, *monsieur*/mademoiselle. Vous avez choisi?ª

1   Vous: **Bonjour. Je voudrais le menu à quatre-vingts francs, s'il vous plaît.b**

Professeur: Le menu à quatre-vingts francs? Bien, et pour commencer?

2   Vous: **Vous avez de la soupe?c**

Professeur: Oui, c'est une soupe aux champignons. Et ensuite?

3   Vous: **Je voudrais le poulet, s'il vous plaît.d**

Professeur: Le poulet. Bien. Et comme légumes?

4   Vous: **Des frites et des petits pois, s'il vous plaît.**

Professeur: D'accord. Et vous prenez quelque chose à boire?

5   Vous: **De l'eau, s'il vous plaît.e**

Professeur: De l'eau. Très bien.

a   You know that the teacher will introduce the rôle-play and begin it, so listen and wait for your cue.

b   You could just say *Le menu à quatre-vingts francs, s'il vous plaît*, but adding *Bonjour. Je voudrais…* is an easy way to impress the examiner.

c   You could ask what sort of soup it is: *C'est quelle sorte de soupe?* However, this is more complex and will score no more: keep your responses as simple as possible.

d   Again, you could simply say *Le poulet, s'il vous plaît*. You get full marks as long as what you say would communicate your message to a French person.

e   You could ask for a bottle of water, if you find that easier: *Une bouteille d'eau, s'il vous plaît.*

Key words and phrases
quatre-vingts (80); *le poulet* (chicken); *des frites* (chips); *des petits pois* (peas); *s'il vous plaît* (please, to an adult); *vous avez* (you have).

Rôle-play B *(page 74)*

Professeur: Vous êtes dans un restaurant. Moi, je suis la serveuse.

1 Vous: **Bonjour, madame. Je voudrais une table pour deux, s'il vous plaît.**

Professeur: Où est-ce que vous voulez vous asseoir?

2 Vous: **Euh… Sur la terrasse,ᵃ s'il vous plaît.**

Professeur: Très bien.

3 Vous: **Le menu, s'il vous plaît.ᵇ**

Professeur: Voilà.

4 Vous: **Je voudrais du poulet avec des frites et des petits pois, et une bouteille d'eau,ᶜ s'il vous plaît. Vittel, si vous en avez.ᵈ**

Professeur: Tout de suite, monsieur/*mademoiselle*.

Key words and phrases
je voudrais une table pour deux (I'd like a table for two); *sur la terrasse* (on the terrace); *du poulet avec des frites* (chicken and chips); *une bouteille d'eau* (a bottle of water); *si vous en avez* (if you have any).

Rôle-play C *(page 75)*

Professeur: Vous êtes dans un restaurant. Moi, je suis le serveur.

Bonjour, mademoiselle.

Vous: **Bonjour, monsieur. J'ai réservé une table pour quatre personnes.ᵃ**

Professeur: Oui, mademoiselle. C'est à quel nom?

Vous: **Au nom de White.**

Professeur: Excusez-moi, mais je n'ai pas de réservation au nom de Watt.

Vous: **Euh… C'est au nom de White. Ça s'écrit W-H-I-T-E.ᵇ**

Professeur: Excusez-moi, mais je n'ai rien à ce nom. Quand avez-vous réservé?

Vous: **Eh bien… J'ai téléphoné hier soir, vers huit heures.ᶜ**

Professeur: Oh, là, là! Vous êtes combien?

Vous: **Nous sommes quatre.**

Professeur: Alors, vous avez de la chance. Il y a de la place. Voilà votre table.

Vous: **Merci, monsieur.**

Professeur: Et vous fêtez quoi, exactement?

Vous: **Eh bien… C'est mon anniversaire.ᵈ**

Professeur: Très bien. Alors, bon anniversaire!

---

a Other possible responses here include: *dans ce coin* (in that corner); *près de la fenêtre* (near the window); *ici* (here). Notice the *Euh…* at the start of the sentence. This is how French speakers give themselves a little time to think about how to answer a question. You can use it in the same way.

b You could also say *La carte, s'il vous plaît*.

c There are many other things you could ask for here, e.g. *un steak-frites et une limonade* (a steak and chips and a lemonade); *l'agneau rôti avec des haricots verts et une bière* (the roast lamb with French beans and a beer).

d Adding the sort of water you would like, with the excellent phrase *si vous en avez* is both authentic and impressive. The phrase *si vous en avez* can often be used in cafés and restaurants and will help you to score high marks.

---

a You could say *pour trois/cinq/ six personnes*.

b You give yourself a moment to think by saying *Euh…* You then suggest a solution by spelling your name in case they got it wrong.

c Other possible answers include *J'ai réservé ce matin/cet après-midi/avant-hier*.

d You can say *Eh bien…* while you think. Other fêtes could be *C'est l'anniversaire/la fête de mon ami(e)*.

Vous: **Merci, monsieur.**

Professeur: Qu'est-ce que vous prenez?

Vous: **Alors, mon ami est végétarien. Qu'est-ce que vous recommandez?[e]**

Professeur: Qu'est-ce que votre ami voudrait manger?

Vous: **Vous auriez une omelette?[f]**

Professeur: Je suis sûr que le chef pourra lui préparer une omelette.

Vous: **Très bien, merci. Et pour nous, l'agneau avec haricots verts, et des frites, s'il vous plaît.[g]**

Professeur: Très bien. Et comme boisson?

Vous: **Une grande bouteille d'eau minérale, s'il vous plaît. Évian, si vous en avez.[h]**

Professeur: Tout de suite.

e The examiners will be impressed if you take the initiative like this, rather than always waiting for them to ask the questions. Here, you could also ask *Qu'est-ce que vous avez pour les végétariens?*

f You could ask here for any vegetarian foods, e.g. *Vous avez du poisson/des spaghettis/des pâtes/une pizza végétarienne? Vous auriez?* is an excellent way of saying 'Would you have?' This will score high. It would be correct, but less impressive, to ask *Vous avez une omelette?*

g Saying *Très bien, merci* shows that you are really listening and responding. You could ask for many other things to eat, e.g. *un steak-frites, un poulet au riz, de l'agneau rôti avec des pommes de terre et des petits pois.*

h When you ask for mineral water in France, it is usual to say what sort, e.g. *Évian, Vittel, Perrier.*

Key words and phrases
j'ai réservé une table pour … personnes (I've reserved a table for … people); *au nom de …* (in the name of …); *nous sommes …* (there are … of us); *qu'est-ce que vous recommandez?* (what do you recommend?).

Conversation A *(page 76)*

1 Qu'est-ce que tu aimes boire?
J'aime beaucoup[a] le coca-cola et la limonade.[b]

2 Quel est ton plat préféré?
J'adore les pizzas.[c] Et vous?[d]

3 Qu'est-ce que tu prends pour le petit déjeuner?
D'habitude, je prends des céréales, des toasts, de la confiture et du lait.[e]

4 Où manges-tu d'habitude, à midi?
D'habitude, je mange à la cantine, au collège.

5 Tu aimes ça?
Non, je déteste ça. C'est dégoûtant![f]

a *J'aime beaucoup* will impress the examiners more than just *j'aime*.

b It is always better to give two examples, rather than just one.

c You will get no more for something complicated than for something simple, like *les pizzas, les spaghettis, les hamburgers.*

d It's always a good idea to ask the examiner a question and this is the simplest way of doing it. Answer the question and then add *Et vous?* to your answer.

e A full answer, with good examples of things to eat and drink. Using *d'habitude* will impress.

f Adding your opinion will again impress the examiner.

Conversation B *(page 76)*

1 Tu es déjà allé(e) en France?

Non, je ne suis jamais allé(e) en France.[a] Mais je suis allé(e) en Espagne,[b] l'année dernière. Et l'année prochaine, j'espère aller en France.[c]

a Or you could say *je ne suis pas allé(e) en France* or *je suis allé(e) en France l'année dernière.*

b It's an excellent idea, when you say *non*, to follow it with *mais* and to talk about something you have done.

c The reference to the future will score high, as will the phrase *l'année prochaine*. Remember always to look out for the chance to say *l'année prochaine, j'espère/je vais …*

2 Tu as déjà mangé dans un restaurant français?
Non, je n'ai jamais mangé dans un restaurant français.[d] En Angleterre, les restaurants français coûtent trop cher.[e]

3 Qu'est-ce que tu vas manger, ce soir?
Ce soir, je vais peut-être[f] manger mon plat préféré, du poulet-frites. Et comme dessert, je vais manger une glace au chocolat. J'adore ça![g]

4 Tu peux me décrire ton repas idéal?
Oui, j'ai mangé mon repas idéal le week-end dernier.[h] J'ai mangé du poulet-frites avec des petits pois. Le dessert, c'était une crêpe. C'était délicieux![i]

5 Le Yorkshire pudding, qu'est-ce que c'est exactement?
Alors, c'est une sorte de crêpe. On le fait[j] avec de la farine, du lait, du sel et un oeuf. On le mange[k] d'habitude avec du boeuf rôti. C'est très bon.[l]

d Note that most of this comes from the question. You can often score easy marks by doing this.

e A good personal opinion.

f The simple addition of *peut-être* will attract good.

g Another easy and high scoring opinion.

h An excellent idea to put this in the past, with the phrase *le week-end dernier*.

i Another easy, excellent and high-scoring phrase: *C'était délicieux*.

j Instead of *on le fait*, you could say *on fait ça*.

k Instead of *on le mange*, you could say *on mange ça*.

l Another good opinion brought in on your own initiative: more good marks for this.

Conversation C *(page 76)*

1 Si je t'offrais des cuisses de grenouille, que dirais-tu?
Eh bien, j'accepterais avec plaisir. Je n'ai jamais mangé de cuisses de grenouille, mais je voudrais bien essayer.[a] J'ai déjà mangé des escargots et j'ai trouvé ça délicieux.[b]

2 Quels plats aimes-tu préparer toi-même?
Alors, j'adore préparer des salades. Par exemple, le week-end dernier,[c] j'ai préparé une salade magnifique pour toute la famille. Il y avait des tomates, des carottes, des champignons et des haricots verts dedans. C'était vraiment délicieux![d]

3 Peux-tu me dire ce qu'il faut faire pour mettre la table?
Alors, pour mettre la table chez nous, on commence par la nappe. Puis on met, pour chaque personne, un couteau, une fourchette et une cuiller. Hier soir, quand j'ai mis la table, j'ai oublié le sel et le poivre.[e] Ma mère n'était pas très contente! Ce soir, je n'oublierai pas[f] le sel et le poivre!

4 Si tu recevais chez toi un visiteur français, qu'est-ce que tu lui ferais à manger?
Euh… On m'a dit que[g] tous les Français voulaient essayer le poisson-frites britannique. Il y a près de chez moi un café où[h] on peut manger un poisson-frites sensass. Alors, j'irais là-bas avec mon visiteur et je suis sûr qu'il[i] en serait très satisfait.

5 Quel est ton restaurant préféré?
Alors, je n'ai pas de restaurant préféré. Je ne vais jamais au restaurant, parce que ça coûte trop cher.[j] Mais le café dont j'ai déjà parlé[k] est excellent car on y mange bien et ce n'est pas cher.

a An excellent sentence, referring to the past (with *je n'ai jamais mangé*) and to the future (with *je voudrais bien*). The use of *mais* after a negative, to introduce a positive idea, will earn good marks.

b A good expression of opinion which is worth learning by heart: *j'ai trouvé ça délicieux*.

c *Par exemple, le week-end dernier, j'ai …* will attract high marks and can be used in any conversation.

d Another good expression of opinion, especially with the use of *vraiment*.

e This reference to the past, with *hier soir*, will score highly.

f *Je n'oublierai pas* can be used in most conversations to attract.

g *On m'a dit que* is an impressive phrase and it gives you time to think about what to say next.

h The use of *où* in the middle of a sentence like this is easy, but examiners like it, so try to do it at least once.

i *Je suis sûr(e) que* is worth learning by heart and can be used in any conversation.

j A very important sentence as it expresses and justifies a point of view. You should aim to do this at least once in every conversation.

k Another point-scoring phrase which you should try to use in every conversation: *le café (le film, le disque, la chanteuse, etc.) dont j'ai déjà parlé*.

Area B

2
Conversation A *(page 79)*

1 Quand tu ne travailles pas, qu'est-ce que tu aimes faire?
Alors, j'aime beaucoup jouer de la guitare et j'aime aussi le sport. Je suis membre d'un club de tennis. Par exemple, j'ai joué au tennis hier soir.

2 Tu reçois combien d'argent de poche?
J'ai cinq livres par semaine.

3 Comment le dépenses-tu?
J'achète des cassettes et des bonbons. Le week-end dernier, j'ai acheté une cassette sensass!

4 Tu fais des économies?
Je voudrais bien faire des économies. Mais ce n'est pas possible car je n'ai pas assez d'argent.

5 Tu travailles pour gagner de l'argent?
Non, mais j'aimerais beaucoup travailler. Dans un café, ou un supermarché, par exemple. Mais c'est difficile. Il n'y a pas beaucoup de petits boulots, en ce moment.

Conversation B *(page 79)*

1 Qu'est-ce que tu as fait, le week-end dernier?
Le week-end dernier, je me suis ennuyé(e). Avec les examens, j'ai dû passer tout le temps à travailler. Je suis resté(e) dans ma chambre et j'ai révisé. Mais samedi, je suis allé(e) en ville et j'ai acheté un Tee-shirt.

2 Que vas-tu faire, après les examens?
Après les examens, j'aimerais bien aller en France. Mais ce n'est pas possible car je dois faire un stage en entreprise en juillet.

3 Où vas-tu passer tes vacances, cet été?
En août, je serai en vacances, en Écosse, avec mes parents. Ce sera fantastique!

4 Avec qui préfères-tu sortir?
Alors, je préfère sortir avec mes copains parce que je m'amuse bien quand je sors avec eux. Samedi dernier, par exemple, je suis allé(e) en ville avec eux et c'était super!

Conversation C *(page 79)*

1 Si tu allais en France, qu'est-ce que tu aimerais faire?
Eh bien, j'aimerais beaucoup visiter la région où habite mon correspondant français et rencontrer ses amis. Ce serait super!

2 Quel est ton passe-temps préféré?
Mon passe-temps préféré, c'est la natation. D'habitude, je vais à la piscine le samedi matin. Mais samedi dernier je n'y suis pas allé(e) parce que je révisais. Mais samedi prochain je vais certainement aller à la piscine.

3 À ton avis, tu reçois assez d'argent de poche?
Oui. La piscine coûte assez cher, mais je travaille pour gagner un peu d'argent. Tous les soirs, je distribue des journaux. Comme ça, et avec l'argent que me donnent mes parents, j'ai assez d'argent.

4 Parle-moi un peu d'un film que tu as vu récemment.
C'est un film dont j'ai oublié le titre. Il a lieu dans l'avenir, au trentième siècle. Le héros lutte contre l'armée et il réussit parce qu'il ose prendre des risques. À la fin, le héros et la héroïne se marient. C'était un bon film. Ce que j'ai aimé surtout, c'était l'histoire et celui qui a joué le rôle du héros était sensass.

3
Rôle-play A *(page 82)*

Professeur: Tu es au café. Moi, je suis une amie.

C'était bien, hier soir, hein?

1 Vous: **Oui. Qu'est-ce que tu fais, ce soir?**

Professeur: Je ne sais pas.

2 Vous: **Tu veux aller au cinéma?ª**

Professeur: Bonne idée. Il y a un bon film de science-fiction au Vox.

3 Vous: **Le film commence à quelle heure?**

Professeur: À huit heures trente.

a You could also ask here *Tu voudrais aller au cinéma?* (Would you like to go to the cinema?)

Key words and phrases
Qu'est-ce que tu fais, ce soir? (What are you doing this evening?); *tu veux aller à …?* (do you want to go to …?); *le film commence à quelle heure?* (what time does the film start?).

Rôle-play B *(page 82)*

Professeur: Allô, c'est moi, Jean-Paul.

1 Vous: **Allô, c'est Anneª. Dis, tu veux aller au cinéma, ce week-end?ᵇ**

Professeur: D'accord, samedi soir. Quelle sorte de film préfères-tu?

2 Vous: **Alors, cette semaine, on joue un film d'amour et un film policier.ᶜ**

Professeur: Qu'est-ce que tu préfères, toi?

3 Vous: **Oh, allons au film policier! Moi, je trouve que les films d'amour sont ennuyeux, non?ᵈ**

Professeur: D'accord.

4 Vous: **Eh bien, si on se rencontrait devant le cinéma, à 18 heures.ᵉ Ça te va?**

Professeur: D'accord. À samedi. Salut.

a Here you should say your own name.

b Instead of *ce week-end*, you could say, e.g. *ce soir* (this evening); *samedi après-midi* (on Saturday afternoon); *demain soir* (tomorrow evening).

c Think of other sorts of film you could say here (see page 19).

d Think of other things you could say here, e.g. *À mon avis, les films comiques sont plus amusants* (In my opinion, comedy films are more amusing).

e Other possible places and times you could say here include *au café en face du cinéma, à dix-neuf heures* (at the café opposite the cinema at 7 p.m.).

Key words and phrases
on joue (they're playing); *allons à* (let's go to); *moi, je trouve que* (I find that); *si on se rencontrait* (how about meeting).

Area C

1
Conversation A (page 83)

1 Parle-moi un peu de la ville où tu habites.
Alors, j'habite à York, dans le nord-est de l'Angleterre.ª La ville est belle et intéressante. Il y a un vieux château, une grande cathédrale et des musées intéressants.ᵇ J'aime beaucoup habiter ici.ᶜ

2 Et qu'est-ce qu'il y a à faire ici, pour les jeunes?
Eh bien, il y a beaucoup de choses. On peut aller au cinéma ou à la piscine.ᵈ Le week-end dernier, par exemple, je suis allé(e) en discothèque. Et c'était super.ᵉ Et samedi prochain, je vais au théâtre. J'aime beaucoup le théâtre.ᶠ

3 Pour aller en ville de chez toi, tu prends le bus?
D'habitude, je vais en ville à pied. Mais dimanche dernier, il a fait mauvais. Alors, je suis allé(e) en ville en bus.ᵍ Ça prend cinq minutes en bus et quinze minutes à pied.

4 Et quel temps fait-il ici, en hiver?
Euh… d'habitude il fait assez froid. Et il pleut beaucoup.ʰ Mais l'année dernière, il a fait très froid et il a neigé.ⁱ

5 Alors, tu aimes habiter ici?
Oui, beaucoup. La ville est belle et la région est belle. Et vous, monsieur, vous aimez habiter ici?ʲ

a Learn to say where your town is: *J'habite à …, dans le (nord, sud, est, ouest) de l'Écosse (du Pays de Galles, de l'Irlande de Nord).*

b These two sentences give enough information and use enough adjectives to score well. Adapt them to describe your town.

c Very good to express an opinion. You could say *Je n'aime pas habiter ici.*

d Learn what to say you can do in your town, e.g. *on peut aller en discothèque ou au club des jeunes.*

e Excellent marks for a good reference to the past, using *le week-end dernier, par exemple, j'ai …* and a good opinion, using *c'était.*

f Excellent again for the reference to the future with *samedi prochain, je vais …* and the opinion with *j'aime beaucoup.*

g Top marks again for *d'habitude* and the present, with *dimanche dernier* and the past.

h Very impressive again: *d'habitude* followed by two sorts of weather.

i And now *l'année dernière* with two sorts of weather in the past. Excellent!

j Another good opinion, followed by a question to your teacher – a very good way to finish.

Conversation B (page 84)

1 Depuis combien de temps habites-tu ici?
Eh bien, j'habite à York depuis cinq ans. Avant, j'habitais à Leeds qui se trouve à trente kilomètres à l'ouest de York.ª Je préfère York parce que la ville est plus jolie.ᵇ

2 Si tu gagnais à la Loterie Nationale, où aimerais-tu vivre?
Ah, c'est une question difficile!ᶜ Alors, j'aime bien vivre ici, mais si je gagnais à la Loterie Nationale, j'aimerais vivre en Australie. J'ai vu l'Australie à la télévision et je trouve que c'est un très beau pays avec un climat fantastique.ᵈ

3 À ton avis, que devrait-on faire pour développer le tourisme dans notre région?
Euh… Il y a toujours eu des choses intéressantes pour les adultes. Mais pour les jeunes, il y en a moins.ᵉ Pour développer le tourisme dans la région, on devrait créer des activités pour les jeunes.ᶠ Par exemple, on pourrait construire un Disneyland.ᵍ

a This is an excellent reference to the past, well worth learning and using: *avant, j'habitais à …* (previously, I lived in …).

b Just what the examiner hopes to hear – a clear opinion with *parce que* and a justification.

c A useful way to give yourself time to think and to prepare your answer.

d Excellent! References to past (*j'ai vu*), present (*j'aime bien vivre ici*) and future (*j'aimerais vivre*), as well as an opinion introduced by *je trouve que.*

e Very good references to past and present.

f An excellent reference to the future.

g All of this answer could equally well be used in a writing exam.

4 Pourrais-tu décrire une ville en France?
Je ne suis jamais allé(e) en France, mais j'ai beaucoup lu sur Paris.[h] À Paris, le tourisme est important. Il y a des monuments magnifiques, comme la Tour Eiffel et Notre-Dame. J'aimerais beaucoup visiter Paris.[i] Je suis sûr(e) que c'est une très belle ville.[j]

5 Et sais-tu quel temps on prévoit pour demain?
Alors, il paraît qu'il va pleuvoir.[k] On prévoit des orages et des éclaircies. C'est bête, non?[l]

h Excellent references to the past, joined with *mais*.

i A clever way to bring in a reference to the future. Learn *j'aimerais beaucoup visiter Paris/la France* and try to use it in every discussion.

j *Je suis sûr(e) que* is an excellent way to introduce an opinion.

k *Il paraît que* (it appears/seems that) will greatly impress the examiners.

l A very good finish: an opinion combined with a question.

2
Rôle-play A *(page 85)*

Professeur: Vous êtes en France. Moi, je suis un passant.

1 Vous: **Pardon, monsieur. Pour aller à la gare SNCF, s'il vous plaît?[a]**

Professeur: Alors, vous allez tout droit jusqu'à l'hôpital et vous tournez à droite.

2 Vous: **C'est loin d'ici?[b]**

Professeur: Oui, assez, c'est à quatre kilomètres.

3 Vous: **Il y a un bus?[c]**

Professeur: Oui, c'est le numéro vingt.

4 Vous: **Merci, monsieur.**

Professeur: De rien.

a An essential sentence. Use it to ask the way to other places, e.g. *Pour aller à l'aéroport/au musée, s'il vous plaît?*

b You could also ask *C'est près d'ici?* (Is it near here?)

c You can adapt this to ask about other means of transport, e.g. *Il y a un car/un train/un avion/un bateau?*

Key words and phrases
pour aller à … (can you tell me the way to …); *c'est loin?* (is it far?); *tournez à gauche/à droite* (turn left/right).

Rôle-play B *(page 85)*

Professeur: Pardon. Il y a une poste près d'ici, s'il vous plaît?

1 Vous: **Oui, allez tout droit et passez le pont.**

Professeur: Alors, tout droit et passez le pont …

2 Vous: **Puis vous prenez la deuxième rue à gauche.[a]**

Professeur: Et c'est loin d'ici?

3 Vous: **Oui, assez. C'est à trois kilomètres.[b]**

Professeur: D'accord. Et pouvez-vous me dire si la poste est ouverte?

4 Vous: **Oui, elle est ouverte jusqu'à cinq heures.[c]**

Professeur: Merci beaucoup.

Vous: **De rien.**

a Practise adapting this key sentence, e.g. *Prenez la première/troisième rue à droite*.

b Practise saying this useful sentence with other numbers, e.g. *C'est à cinq/sept kilomètres*.

c Practise variations of this sentence, e.g. *Le château est ouvert jusqu'à six heures*.

Key words and phrases
allez tout droit (go straight on); *passez le pont* (cross the bridge); *prenez la première/deuxième rue à gauche/droite* (take the first/second street on the left/right; *il est ouvert/elle est ouverte jusqu'à … heures* (it's open until … o'clock).

3

Rôle-play A *(page 86)*

Professeur: Vous êtes au marché. Je suis l'épicier.

Bonjour.

1 Vous: **Bonjour, monsieur.**[a]

Professeur: Je peux vous aider?

2 Vous: **Je voudrais un ananas et un kilo de poires, s'il vous plaît.**[b]

Professeur: Voilà.

3 Vous: **C'est combien?**

Professeur: C'est neuf francs.

4 Vous: **Merci, monsieur.**

Professeur: De rien.

5 Vous: **Au revoir, monsieur.**

Professeur: Au revoir.

a When you greet an adult, it is polite to add *monsieur* or *madame*.

b You could also say here: *un kilo de tomates* (a kilo of tomatoes), *du raisin* (some grapes), *une livre de petits pois* (a pound of peas), *un chou-fleur* (a cauliflower).

Key words and phrases

je voudrais un kilo de (I'd like a kilo of); *s'il vous plaît* (please); *c'est combien?* (how much is it?).

Rôle-play B *(page 87)*

Professeur: Vous faites du camping et vous allez à l'épicerie. Moi, je suis l'épicier.

Oui, mademoiselle/*monsieur*?

1 Vous: **Je voudrais des pommes, s'il vous plaît.**[a]

Professeur: Vous en voulez combien?

2 Vous: **Un kilo, s'il vous plaît. Je voudrais aussi un kilo de bananes.**[b]

Professeur: Je regrette, il n'y en a plus.

3 Vous: **Ah, dommage. Et une bouteille de limonade, s'il vous plaît.**[c]

Professeur: D'accord. Trente francs, s'il vous plaît. Vous restez combien de temps au camping?

4 Vous: **Encore une semaine.**[d]

Professeur: Merci et bonnes vacances.

a You could also say here, e.g. *Je voudrais des poires* (*du raisin*, *des oranges*).

b Notice the useful *je voudrais aussi* (I'd also like).

c You could also ask, e.g. *Et une bouteille de coca-cola (de jus d'orange, d'Orangina), s'il vous plaît.*

d Here, you could also say, e.g. *Encore deux jours* (two more days).

Key words and phrases

une bouteille de (a bottle of); *un kilo de* (a kilo of); *je voudrais aussi* (I'd also like).

Rôle-play C *(page 87)*

Professeur: Vous êtes dans un grand magasin. Moi, je suis la vendeuse.

Oui, monsieur/*mademoiselle*, je peux vous aider?

Vous: **J'ai acheté ce blouson ici et il y a un trou.**[a]

Professeur: Vous l'avez acheté quand?

a There are many possibilities here, e.g. *J'ai acheté ce jouet (ce rasoir, cette lampe) ici et il (elle) ne marche pas.*

Vous: **Je l'ai acheté hier.[b] Mais quand je l'ai acheté, je n'ai pas vu le trou.[c]**

Professeur: Ah oui, vous avez raison, ça ne va pas. Je suis vraiment désolée. Que voudriez-vous faire?

Vous: **Pourriez-vous me le remplacer?[d]**

Professeur: Désolée, nous n'avons plus ce blouson à votre taille.

Vous: **Alors, je voudrais être remboursé.**

Professeur: Oui, pas de problème.

b Instead of *hier* you could say, e.g. *ce matin, avant-hier, samedi dernier.*

c Instead of *je n'ai pas vu le trou,* you could say, e.g. *Je n'ai pas vu que le rasoir ne marchait pas/que la fermeture-éclair* (the zip) *était cassée.*

d You could also say, e.g. *Je voudrais être remboursé(e)* (I'd like my money back).

Key words and phrases

j'ai acheté ce/cette ... ici (I bought this ... here); *je n'ai pas vu le trou* (I didn't see the hole); *pourriez-vous me le/la remplacer?* (could you replace it for me?); *je voudrais être remboursé(e)* (I'd like my money back).

4
Rôle-play A *(page 88)*

Professeur: Nous sommes à la poste. Moi, je travaille à la poste.

Bonjour, je peux vous aider?

1 Vous: **Bonjour, monsieur. C'est combien pour envoyer une lettre en Italie?[a]**

Professeur: Trois francs vingt, s'il vous plaît.

2 Vous: **Je regrette, mais je n'ai pas de monnaie.**

Professeur: Aucun problème.

3 Vous: **Où est la boîte à lettres?**

Professeur: C'est à gauche, devant l'entrée.

Vous: **Merci, monsieur.**

a You can adapt this sentence, e.g. *C'est combien pour envoyer cette carte postale en Angleterre/Grande-Bretagne?*

Key words and phrases

c'est combien pour envoyer cette lettre en Grande-Bretagne? (how much is it to send this letter to Britain?); *je n'ai pas de monnaie* (I've got no change); *où est la boîte à lettres?* (where is the letter box?).

Rôle-play B *(page 88)*

Professeur: Nous sommes dans une banque. Moi, je suis l'employée. À vous de commencer.

1 Vous: **Bonjour, madame. Je voudrais changer un chèque de voyage.[a]**

Professeur: Oui. Combien voulez-vous changer?

2 Vous: **Vingt livres sterling.[b]**

Professeur: Très bien.

3 Vous: **Ça fait combien en francs?**

Professeur: Cent cinquante francs. Comment les voulez-vous?

4 Vous: **En billets de 50 francs, s'il vous plaît.[c]**

Professeur: Merci. Au revoir.

5 Vous: **Au revoir, madame, et merci.**

a You might also say in a bank, e.g. *Je voudrais changer de l'argent* (I'd like to change some money).

b Other things you might say include, e.g. *Cinquante dollars* (50 dollars); *Cent euros* (100 euros).

c Practise also saying, e.g. *Des pièces de dix francs* (some 10 franc coins).

Key words and phrases

je voudrais changer (I'd like to change); *un chèque de voyage* (a traveller's cheque); *de l'argent* (some money); *une livre sterling* (£1); *un billet* (a note); *une pièce* (a coin).

Rôle-play C *(page 89)*

Professeur: Nous sommes au bureau des objets trouvés. Moi, je suis l'employé.

Bonjour. Je peux vous aider?

Vous: **Bonjour, monsieur. J'ai perdu une valise.**[a]

Professeur: Pouvez-vous décrire la valise?

Vous: **Alors, elle est assez grande.**[b] **Elle est en cuir noir.**[c]

Professeur: Où et quand l'avez-vous perdue?

Vous: **Je l'ai laissée dans le bus, ce matin, vers onze heures.**[d]

Professeur: Le bus, c'était quelle ligne?

Vous: **C'était le trente-deux.**[e]

Professeur: Où êtes-vous descendu(e) du bus?

Vous: **Je suis descendu(e) à la gare SNCF.**[f]

Professeur: Très bien, je vais voir si nous l'avons.

Vous: **Merci beaucoup, monsieur.**

a Other things you might lose include, e.g. *J'ai perdu ma montre/mon appareil-photo/mon portefeuille/mon porte-monnaie/mon sac.*

b Other useful descriptions include, e.g. *Il est assez (très) grand (petit); Elle est de taille moyenne* (It's of average size).

c Other materials and colours you could use: *Elle est en plastique bleu/marron/vert.*

d You can make up many variants on this, e.g. *Je l'ai laissé(e) dans le train/un car, cet après-midi/hier soir vers trois/neuf heures.*

e Any number would do here, e.g. *C'était le quarante/le soixante-dix.*

f Again, any possible place would be acceptable here, e.g. *Je suis descendu(e) à l'auberge de jeunesse/au camping/au syndicat d'initiative.*

Key words and phrases

j'ai perdu (I've lost); *c'est assez grand/petit* (it's quite big/small); *c'est en cuir noir/en plastique marron* (it's made of black leather/brown plastic); *je l'ai laissé(e) dans* (I left it in); *vers* (at about).

5
Rôle-play A *(page 89)*

Professeur: Nous sommes à la gare. Moi, je suis l'employée.

Bonjour, madame/*monsieur*.

1   Vous: **Le train pour Calais part à quelle heure, s'il vous plaît?**[a]

Professeur: À dix heures vingt.

2   Vous: **Alors, un aller-retour pour Calais, s'il vous plaît.**[b]

Professeur: Cent soixante francs, s'il vous plaît.

3   Vous: **Et le train part de quel quai?**

Professeur: C'est le quai numéro huit.

Vous: **Merci, madame.**

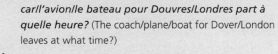

a You can adapt this useful sentence to ask, e.g. *Le car/l'avion/le bateau pour Douvres/Londres part à quelle heure?* (The coach/plane/boat for Dover/London leaves at what time?)

b You could also ask for, e.g. *Un aller simple pour Édimbourg/Toulouse.* (A single to Edinburgh/Toulouse).

Key words and phrases

le train pour … part à quelle heure? (at what time does the train for … leave?); *un aller-retour/un aller simple pour …* (a return/a single ticket for …); *le train part de quel quai?* (which platform does the train leave from?).

Rôle-play B *(page 90)*

Professeur: Vous êtes à la gare routière. Moi, je suis l'employé.

Bonjour. Je peux vous aider?

1 Vous: **Bonjour, monsieur. Est-ce qu'il y a un bus pour Calais, s'il vous plaît?[a]**

Professeur: Oui, il y a un bus qui va directement à Calais-Ville.

2 Vous: **Le bus part à quelle heure?**

Professeur: Il y en a beaucoup. Quand voulez-vous partir?

3 Vous: **Demain matin.[b]**

Professeur: Alors, il y a un bus à neuf heures dix.

4 Vous: **Et il faut réserver?**

Professeur: Non, ce n'est pas nécessaire.

Vous: **Merci, monsieur. Au revoir.**

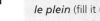

a You could adapt this sentence to ask, e.g. *Est-ce qu'il y a un avion/un car/un bateau pour …?* (Is there a plane/a coach/a boat) to …?).

b Possible answers here include: *demain matin* (tomorrow morning); *après-demain* (the day after tomorrow); *lundi prochain* (next Monday).

Key words and phrases

est-ce qu'il y a un bus pour …? (is there a bus to …?); *demain matin* (tomorrow morning); *il faut réserver?* (is it necessary to reserve?).

Rôle-play C *(page 90)*

Professeur: Nous sommes dans une station-service. Moi, je suis le pompiste.

Bonjour. Je peux vous aider?

1 Vous: **Oui, je voudrais du sans-plomb, s'il vous plaît.[a]**

Professeur: Oui, combien en voulez-vous?

Vous: **Deux cents francs, s'il vous plaît.[b]**

Professeur: Très bien. Ça sera tout?

2 Vous: **Non. Voulez-vous vérifier la pression des pneus?[c]**

Professeur: Ah, je regrette, mais la machine est en panne.

Vous: **Ah, c'est difficile, ça. Il y a une autre station-service près d'ici?**

Professeur: Eh bien, il y a une autre station-service à sept kilomètres.

3 Vous: **Merci. Et où sont les toilettes, s'il vous plaît?**

Professeur: Excusez-moi, mais les toilettes ne sont pas en service en ce moment. On est en train de les nettoyer.

Vous: **Et quand est-ce qu'elles seront en service?[d]**

Professeur: Oh, dans cinq, dix minutes.

Vous: **Merci, monsieur.**

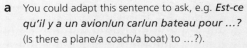

a Other sorts of fuel you could ask for: *cinquante litres de super/d'ordinaire* (50 litres of top grade/ordinary grade); *le plein de gazole* (fill it up with diesel).

b Other possible answers here include: *le plein* (fill it up); *quarante litres* (40 litres).

c You could also ask the attendant, e.g. *Voulez-vous vérifier l'eau/l'huile?* (Could you check the water/the oil?).

d Another good reaction here would be: *Il y a d'autres toilettes près d'ici?*

Key words and phrases

je voudrais du sans-plomb (I'd like some lead-free); *le plein* (fill it up); *voulez-vous vérifier la pression des pneus?* (could you please check the pressure of the tyres?).

Area D

1
Conversation *(page 91)*

Professeur: Qu'est-ce que tu vas faire, après les examens?

Vous: **Après les examens, j'espère aller au lycée pour préparer mon bac. Je vais faire maths, physique et chimie.**

Professeur: Et qu'est-ce que tu veux faire plus tard?

Vous: **Alors, plus tard je voudrais aller à l'université pour étudier la physique ou la chimie.**

Professeur: Pourquoi veux-tu faire cela?

Vous: **Eh bien, c'est quelque chose qui m'intéresse beaucoup et, plus tard, je voudrais être professeur ou peut-être travailler dans un laboratoire.**

Professeur: Comment as-tu trouvé ton collège?

Vous: **La plupart du temps, c'était bien. J'ai surtout aimé les maths et l'informatique.**

Professeur: Très bien. Merci.

2
Conversation *(page 94)*

1 The first three opinions which are justified are:

- **Pas assez! Trois livres par heure.**

- **Non, pas vraiment. Parce que c'est ennuyeux. Et ce n'est pas bien payé.**

- **Eh bien, je ne l'aime pas beaucoup. Je le trouve dur et ennuyeux. Et ce n'est pas bien payé.**

2 Here are the first three references to the past:

- **Mais le week-end dernier, je n'ai pas travaillé. J'ai révisé pour cet examen.**

- **La semaine dernière, par exemple, j'ai rangé les rayons.**

- **Depuis un an. J'ai commencé en juillet dernier.**

3 These are the first three references to the present:

- **Oui, je travaille pour avoir un peu d'argent à dépenser.**

- **J'aime ça.**

- **Je travaille dans un supermarché en ville.**

4 The first three references to the future are:

- **Cet été, on va aller en Espagne. Ce sera super!**

- **Après les examens, je vais chercher quelque chose de plus intéressant.**

- **Je pourrai partir en vacances avec mes copains.**

Rôle-play *(page 95)*

Professeur: Vous cherchez un emploi en France. Vous êtes à l'interview.

Bonjour. Votre nom, s'il vous plaît?

Vous: **Bonjour, monsieur. Je m'appelle Kate Walker.**

Professeur: Et quelle est votre adresse?

Vous: **Eh bien, j'habite à Durham, en Angleterre. Mon adresse c'est le 36 Edward Street à Durham.**[a]

Professeur: Vous voulez travailler comme au pair. Quelle est votre expérience professionnelle?

Vous: **Alors, je n'ai jamais travaillé comme au pair, mais j'ai souvent fait du baby-sitting.[b] J'ai un petit frère et une petite soeur et j'aime beaucoup les enfants[c]. Plus tard, je voudrais être infirmière.[d]**

Professeur: Très bien. Et quel âge avez-vous?

Vous: **J'ai seize ans, monsieur.**

Professeur: Et quelles matières avez-vous étudiées?

Vous: **J'ai étudié l'anglais et le français, bien sûr. J'ai aussi étudié les maths, les sciences et la géographie. Ma matière préférée, c'est le français.[e]**

Professeur: D'accord. Et quels sont vos loisirs?

Vous: **Eh bien, j'aime beaucoup jouer au tennis. C'est mon sport préféré. J'aime aussi lire et regarder la télévision.[f]**

Professeur: Pouvez-vous me parler un peu de votre caractère?

Vous: **Alors, je suis très patiente et je n'ai pas peur du travail.[g]**

Professeur: Ça me suffit. Vous commencez dès demain.

Vous: **Merci beaucoup, monsieur.**

a When you give your address, always be ready to spell it, if asked.

b Notice again the use of *Non … mais* – always try to find something positive and interesting to say.

c You could also say here, e.g. *J'ai souvent fait du baby-sitting pour mes voisins. Je fais cela depuis trois ans.*

d A very good reference to the future.

e An excellent piece of initiative here to say your favourite subject.

f Giving three examples will impress the examiner.

g Other possible answers here include *Eh bien, je suis très honnête/calme/dynamique et j'aime beaucoup travailler.*

Conversation A *(page 95)*

1 Quand quittez-vous le collège?
Eh bien, je vais quitter le collège après les examens. Si j'ai de bons résultats, j'irai au lycée.[a]

2 Quand est-ce que vous pourrez commencer à travailler?
Je pourrai commencer à travailler à l'âge de vingt et un ans, après mes études à l'université.[b]

3 Et quels sont vos passe-temps?
J'aime beaucoup faire du sport. Par exemple, le week-end dernier j'ai joué au tennis le samedi, et dimanche je suis allé(e) à la piscine. C'était super![c]

a If you plan to stay on in your school, you could say *Eh bien, je vais quitter l'école à dix-huit ans. Dans les deux ans qui viennent, je vais préparer mon bac*. If you plan to leave school, you could say *Eh bien, je vais quitter l'école après les examens. Je vais chercher un emploi.*

b You could also say here *Je peux commencer à travailler tout de suite après les examens.*

c That excellent technique to impress the examiners: *par exemple, le week-end dernier j'ai …* . You could do even better here by adding *Et le week-end prochain, je vais jouer au golf/au football/au cricket,* etc.

Conversation B *(page 95)*

1 Avez-vous un emploi en ce moment?

Non, en ce moment je ne travaille pas. Mais l'année dernière, j'ai fait un stage en entreprise, dans un hôtel.ᵃ C'était assez dur mais c'était intéressant.ᵇ Un jour, je voudrais bien être directrice d'un grand hôtel.ᶜ

a Very good for this reference to the past.

b A good opinion which will earn good marks.

c An excellent reference to the future which you can adapt to suit yourself, e.g. *Un jour, je voudrais bien être médecin/dentiste/directeur d'un grand magasin*, etc.

2 Êtes-vous déjà allé(e) en France?

Non, je ne suis jamais allé(e) en France, mais je suis allé(e) en Espagne.ᵈ

d Once again, gaining high marks with the technique: *non … mais*.

3 Quand? Pour combien de temps? Avec qui?

Eh bien, j'ai été en Espagne avec ma famille. C'était l'année dernière et nous avons passé quinze jours là-bas, au bord de la mer. C'était vraiment merveilleux! Je voudrais bien retourner en Espagne.ᵉ

e An excellent response – references to the past and the future, plus a good opinion.

4 Que ferez-vous après le collège?

Si j'ai de bons résultats aux examens j'irai au lycée. Je voudrais étudier le français, l'anglais et l'informatique.

3
Rôle-play A *(page 96)*

Professeur: Vous voulez prendre des cours de français. Vous téléphonez à l'école de langues.

Allô. École de langues, je vous écoute.

1 Vous: **Bonjour, madame. Je voudrais prendre un cours de français.ᵃ**

a You can get most of this response from your teacher's introduction. You can often do this, so listen carefully to the teacher's introduction every time.

Professeur: Comment vous appelez-vous, monsieur/*mademoiselle*?

2 Vous: **Je m'appelle Martin Black. Ça s'écrit B-L-A-C-K.ᵇ**

b You don't have to spell your name. But it is a sensible thing to do in real life and it will impress the examiner!

Professeur: Merci. Et quel est votre numéro de téléphone?

Vous: **Alors, c'est le 01801 12.34.56, en Angleterre.ᶜ**

c Notice how French people say phone numbers: always in pairs of numbers.

Professeur: Bon, monsieur/*mademoiselle*. À quelle date arriverez-vous en France?

3 Vous: **J'arriverai à Paris le cinq août.ᵈ**

d Note that to say a date in French, you just say *le* and the date, e.g. *le trente juillet* = on the 30th of July.

Professeur: Et combien de temps voulez-vous passer à l'école?

4 Vous: **Je voudrais prendre un cours de quatre semaines.ᵉ**

e Other possible answers here are *un cours de quinze jours/trois semaines*.

Professeur: Bon, et où voulez-vous loger? Il y a trois possibilités: à l'école de langues, à l'hôtel ou dans une famille française. Que préférez-vous?

5 Vous: **Je préfère loger dans une famille française. Comme ça, je pourrai faire plus de progrès, n'est-ce pas?ᶠ**

f This additional idea, including a reference to the future, will very much impress the examiner.

Professeur: Très bien. Alors, je vais vous contacter la semaine prochaine et vous donner les détails. Au revoir et merci, monsieur/*mademoiselle*.

Vous: **Au revoir, madame.ᵍ**

g You don't have to say this, but doing so shows initiative.

Area E

1
Rôle-play *(page 97)*

Employée: Bonjour, monsieur. Je peux vous aider?

1 Vous: **Bonjour, madame. Je voudrais changer trente livres sterling.**[a]

Employée: Vous avez des chèques de voyage?

2 Vous: **Non, je voudrais changer des billets de banque. Les voilà.**[b]

Employée: Merci, monsieur. Alors, ça fait 231 francs.

3 Vous: **Et je voudrais des pièces de cinq francs, s'il vous plaît.**[c]

Employée: Très bien, je vais vous donner six pièces de cinq francs. Ça va?

4 Vous: **Oui, ça va, merci.**

a It is worth learning this sentence. You can also say *Je voudrais changer des chèques de voyage*.

b *Les voilà* (there they are) will impress the examiner. It shows initiative and is a neat expression.

c You could also ask, e.g. *Je voudrais des billets de cent francs*.

Key words and phrases

je voudrais changer (I'd like to change); *dix livres sterling* (£10); *un chèque de voyage* (a traveller's cheque); *une pièce de vingt francs* (a 20 franc coin); *les voilà* (there they are).

2
Rôle-play *(page 99)*

Vous: **L'année dernière, j'ai passé mes vacances en Belgique. J'ai fait du camping avec ma famille.**

Professeur: Et tu peux me décrire une journée typique?

Vous: **Oui, bien sûr. On se levait vers huit heures et mon père préparait le petit déjeuner. Parfois c'était bien mais c'était souvent mauvais!**

Professeur: Et quel temps a-t-il fait?

Vous: **Il a fait beau. Alors, un jour on a décidé de faire un pique-nique. Mes parents ne parlent pas français, alors j'ai fait les courses. J'ai acheté du pain, du fromage, des poires et du coca, parce que j'adore le coca. C'était assez cher parce que tout coûte cher en Belgique.**

Professeur: Ah bon, c'est vrai ça?

Vous: **Oui, oui. Nous avons trouvé que tout coûtait plus cher qu'ici.**

Professeur: Et où avez-vous pique-niqué?

Vous: **C'était superbe! On était au bord d'un lac, à la campagne. On a mangé à midi et, après, j'ai nagé dans le lac. Mes parents ont fait une promenade dans la forêt. C'était une après-midi fantastique que je n'oublierai jamais. Plus tard, au camping, on a joué au football avec d'autres campeurs. C'était un match international et l'Angleterre a gagné. C'était sensass! Après le match, j'ai pris une douche et j'ai lu un magazine.**

Professeur: Et après, vous vous êtes couchés?

Vous: **Non, pas du tout! On était trop paresseux pour préparer un repas, alors on a mangé au restaurant. C'était délicieux. Et, après avoir mangé, je suis allé(e) en discothèque avec des copains. On a dansé jusqu'à minuit.**

Professeur: Alors, vous avez passé de bonnes vacances!

Vous: **Oui, j'espère retourner en Belgique l'année prochaine. Mais il faut que je travaille pour gagner beaucoup d'argent!**

3
Rôle-play C *(page 102)*

Professeur: Bonjour, *mademoiselle*/monsieur. Je peux vous aider?

Vous: **Bonjour, monsieur. Je voudrais une chambre pour cette nuit, s'il vous plaît.**

Professeur: Vous avez réservé?

Vous: **Non, je n'ai pas réservé.**

Professeur: Et vous voulez quelle sorte de chambre?

Vous: **Je voudrais une chambre pour une personne et avec douche.**

Professeur: Et pour combien de nuits?

Vous: **Pour deux nuits.**

Professeur: Alors, nous avons une chambre au deuxième étage.

Vous: **Très bien, je la prends. Et est-ce que je peux manger?**

Professeur: Je regrette, il n'y a pas de restaurant à l'hôtel.

Vous: **Est-ce qu'il y a un restaurant près d'ici?**

Professeur: Oui, il y a un restaurant à deux cents mètres.

Vous: **Merci beaucoup, monsieur.**